AUTORE

Francesco Mattesini, nato ad Arezzo il 14 aprile 1936, residente a Roma dall'estate 1951, ha prestato servizio, tra il febbraio 1958 e il luglio 1999, presso il IV Reparto dello Stato Maggiore dell'Esercito. Studioso ed esperto di guerra aeronavale, ricercatore abile e meticoloso, già attivo collaboratore del Giornale d'Italia per il quale ha curato la rubrica "Verità Storiche", ha scritto, svelando molti retroscena, numerosissimi articoli di carattere politico-militare su quotidiani e stampa specializzata, ed ha pubblicato, negli anni '80, con editori privati, i volumi "La battaglia d'Inghilterra"; "Il giallo di Matapan"; "La battaglia aeronavale di mezzo agosto"; e con coautore, ma soltanto per la parte politica, il Prof. Alberto Santoni, "La partecipazione tedesca alla guerra aeronavale nel Mediterraneo", alla seconda edizione, (2005), di cui ha curato tutta la parte della ricerca, operativa, statistica e grafica. Collaboratore dell'Ufficio Storico della Marina Militare, dal quale ebbe l'incarico di effettuare una severa e precisa revisione storica dei libri pubblicati negli anni 1950-1980, Mattesini ha pubblicato "La battaglia di Punta Stilo"; "Betasom. La guerra negli Oceani"; "La battaglia di Capo Teulada", "L'Operazione Gaudo e lo scontro notturno di Capo Matapan"; "La Marina e l'8 Settembre", in due tomi; e i primi quattro volumi della collana "Corrispondenza e direttive tecnico operative di Supermarina" (1939-1941), oltre a 60 saggi per il Bollettino d'Archivio dell'Ufficio Storico della Marina Militare. Contemporaneamente, per l'Ufficio Storico dell'Aeronautica, Mattesini ha realizzato la collana in due volumi (quattro tomi), "Le direttive tecnico operative di Superaereo 1940-1943", e il volume "L'attività aerea italo-tedesca nel Mediterraneo, gennaio-maggio 1941". Nel 2019-2020 Mattesini ha pubblicato "Luci e ombre degli aerosiluranti italiani Agosto 1940 – Settembre 1943"; "La battaglia aeronavale di mezzo-agosto" rielaborata e aggiornata; "Punta Stilo 9 luglio 1940, 80° anniversario della prima battaglia aeronavale della storia"; "L'agguato di Matapan"; "La battaglia aeronavale di Mezzo Giugno"; "Il Giallo di Capo Bon"; 8 Settembre 1943". "Dall'Armistizio al mito della difesa di Porta San Paolo"; "Il Blocco di Malta e l'Esigenza "C.3". È socio da moltissimi anni della Società di Storia Militare (SISM) e della Associazione Italiana Documentazione Marittima Navale (AIDMEN), per le quali ha prodotto diversi saggi, e molti altri nella sua pagina del sito Academia Edu. Per Luca Cristini editore a oggi ha al suo attivo quasi una decina di titoli, tra cui nella serie Storia: "La notte di Taranto dell'11 novembre 1941"; "La battaglia di Creta maggio 1941, La guerra civile spagnola e la Regia Marina italiana, Testimonianze di guerra nell'estate del 1944 a Castel Focognano e L'attacco dei sommergibili tedeschi e italiani nei mari delle Indie occidentali (1942) e molti altri.

PUBLISHING'S NOTES

None of unpublished images or text of our book may be reproduced in any format without the expressed written permission of Luca Cristini Editore (already Soldiershop.com) when not indicate as marked with license creative commons 3.0 or 4.0. Luca Cristini Editore has made every reasonable effort to locate, contact and acknowledge rights holders and to correctly apply terms and conditions to Content. Every effort has been made to trace the copyright of all the photographs. If there are unintentional omissions, please contact the publisher in writing at: info@soldiershop.com, who will correct all subsequent editions.
Our trademark: Luca Cristini Editore©, and the names of our series & brand: Soldiershop, Witness to war, Museum book, Bookmoon, Soldiers&Weapons, Battlefield, War in colour, Historical Biographies, Darwin's view, Fabula, Altrastoria, Italia Storica Ebook, Witness To History, Soldiers, Weapons & Uniforms, Storia etc. are herein © by Luca Cristini Editore.

LICENSES COMMONS

This book may utilize part of material marked with license creative commons 3.0 or 4.0 (CC BY 4.0), (CC BY-ND 4.0), (CC BY-SA 4.0) or (CC0 1.0). We give appropriate attribution credit and indicate if change were made in the acknowledgments field. Our WTW books series utilize only fonts licensed under the SIL Open Font License or other free use license.
For a complete list of Soldiershop titles please contact Luca Cristini Editore on our website: www.soldiershop.com or www.cristinieditore.com. E-mail: info@soldiershop.com

Alla memoria di Giulio Bonetti detto Bepi, perito nelle acque del mar di Tunisia, e di Vittorio Cividini, pure presente alla battaglia, entrambi di Zanica (BG).

Titolo: LA BATTAGLIA NAVALE DEL 2 DICEMBRE 1942 NEL CANALE DI SICILIA Code.: **WTW-050**
Di Francesco Mattesini.
ISBN code: 9791255890263 prima edizione ottobre 2023
Lingua: Italiano dimensione: 177,8x254mm Cover & Art Design: Luca S. Cristini

WITNESS TO WAR (SOLDIERSHOP) is a trademark of Luca Cristini Editore, via Orio, 35/4 - 24050 Zanica (BG) ITALY.

WITNESS TO WAR

LA BATTAGLIA NAVALE DEL 2 DICEMBRE 1942 NEL CANALE DI SICILIA

L'ATTACCO DELLA "FORZA Q" BRITANNICA, CON LA DISTRUZIONE DEL CONVOGLIO ITALIANO "AVENTINO" E L'ERRORE IMBARAZZANTE DEL CACCIATORPEDINIERE CAMICIA NERA

PHOTOS & IMAGES FROM WORLD WARTIME ARCHIVES

FRANCESCO MATTESINI

BOOKS TO COLLECT

INDICE

I movimenti dei convogli italiani diretti in Tunisia .... pag. 5

La partenza da Bona della Forza Q e l'avvicinamento al convoglio H ("Aventino") ..... pag. 13

La navigazione del convoglio H fino all'incontro con la Forza Q. .... pag. 25

La fase iniziale dell'attacco al convoglio H .... pag. 31

Quale unità fu attaccata dal Cacciatorpediniere Camicia nera .... pag. 35

L'annientamento del convoglio "Aventino" .... pag. 39

Il salvataggio dei naufraghi del convoglio H .... pag. 49

Le considerazioni britanniche .... pag. 57

Una lezione di strategia .... pag. 58

Il contrattacco della Luftwaffe e della Regia Aeronautica .... Pag. 59

La sorte del convoglio C .... Pag. 65

Conclusioni .... Pag. 75

Cronologia delle medaglie d'oro al valor Militare .... Pag. 85

Il siluramento dell'incrociatore britannico da parte del *Mocenigo* .... Pag. 91

Bibliografia .... Pag. 97

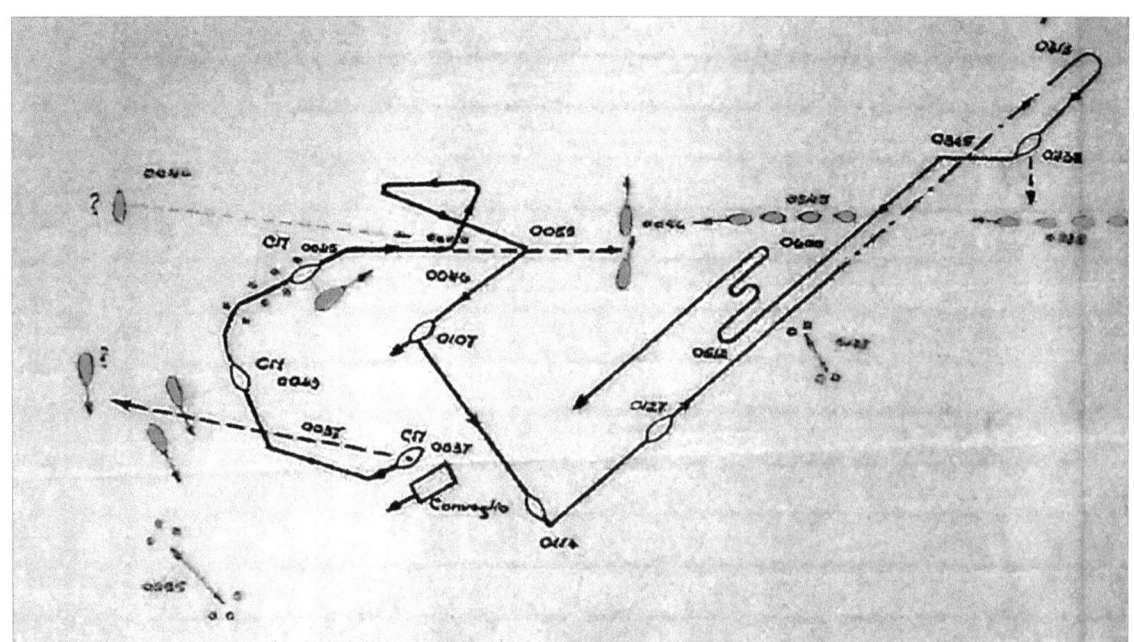

▲ La battaglia del convoglio "Aventino" secondo la cartina allegata alla Relazione del cacciatorpediniere *Camicia Nera*. In nero le navi italiane e la rotta del *Camicia Nera*, in grigio pieno come apparivano i movimenti delle navi britanniche.

I MOVIMENTI DEI CONVOGLI ITALIANI DIRETTI IN TUNISIA

La battaglia del Banco Skerki, verificatasi a nord di Biserta intorno alle ore 01.00 del 2 dicembre 1942 (mercoledì), e la più importante ed anche la più sanguinosa, per le perdite navali e umane subite dalla Marina italiana, tra quante combattute per la difesa del traffico italo-tedesco nei primi sei mesi della campagna per il possesso della Tunisia che, iniziata l'8 novembre 1942 con gli sbarchi degli Alleati a Casablanca, Orano e Algeri, si concluse con la resa delle forze dell'Asse nella Penisola di Capo Bon, l'11 maggio 1943.

La necessità di portare una sempre maggiore quantità di rifornimenti alle truppe combattenti in Tunisia, comportò, verso la fine di novembre, di organizzare nei porti italiani 4 convogli (detti B, C, G e H), che vennero a trovarsi contemporaneamente in mare la notte fra il 1° e il 2 dicembre, diretti a Biserta, Tunisi e Tripoli.

Il convoglio B, partito da Napoli alle 14.30 del 30 novembre, si componeva dei piroscafi *Arlesiana*, *Achille Lauro*, *Campania*, *Menes* e *Lisboa*, gli ultimi due tedeschi, mentre la scorta comprendeva le torpediniere *Sirio* (nave comando), *Groppo*, *Orione* e *Pallade*. Alle ore 07.10 del 1° dicembre, in seguito alla notizia che unità navali nemiche si trovavano a Bona, la scorta del convoglio B, la cui velocità era di soli 7 nodi, fu rafforzata dalla torpediniera *Uragano* proveniente da Trapani, e successivamente, alle 19.35, ad essa si aggiunsero i cacciatorpediniere *Maestrale*, *Ascari* e *Grecale*, gli unici al momento disponibili che nella notte avevano posato uno sbarramento di mine nel Canale di Sicilia. L'ordine, compilato alle 15.08, era motivato "*contro l'eventuale proveniente da Bona dove stamani erano presenti qualche cacciatorpediniere*".[1]

Il convoglio C, partito anch'esso da Napoli diretto a Tripoli alle 23.00 del 30 novembre si componeva dei piroscafi *Chisone*, *Veloce* e *Devoli*, e da una scorta costituita dalle torpediniere *Lupo* (nave comando), *Aretusa*, *Sagittario* e *Ardente*.

Il convoglio G, partito da Palermo per Tunisi alle ore 09.00 del 1° dicembre, comprendeva la sola cisterna *Giorgio* scortata dal cacciatorpediniere *Lampo* (nave comando) e dalla torpediniere *Climene*.

Infine, il convoglio H, salpato da Palermo per Biserta alle 10.00 del 1° dicembre, comprendeva le tre navi mercantili *Aventino*, *Puccini*, *K.T. 1* (motonave tedesca *Kappa Tau 1*), alle quali alle 17.30 si aggiunse la nave traghetto *Aspromonte* partita alle 15.30 da Trapani. La scorta era costituita dei cacciatorpediniere *Da Recco* (nave comando), *Camicia Nera*, *Folgore* e dalle torpediniere *Procione* e *Clio*.[2]

Complessivamente si trovavano in movimento nei convogli tredici navi mercantili e diciannove unità di scorta: sette cacciatorpediniere e dodici torpediniere. A queste navi si aggiungevano altre due torpediniere, la *Partenope* e la *Perseo*, destinate a procedere i con-

---

[1] AUSMM, *Messaggio in partenza del 1° dicembre 1942-XXI*, con protocollo telegrafico n. 539155.
[2] Il convoglio H trasportava 1.177 militari (metà sull'*Aventino* e metà sul *Puccini*), 689 t di materiale bellico, incluse 120 di munizioni, 12 cannoni con le loro dotazioni, 32 autocarri e 4 carri armati, tutti sul K.T. 1.

vogli sulla rotta per la Tunisia per svolgere, con in funzione gli ecogoniometri (gli apparati di ricerca subacquea acustici corrispondenti dell'asdic britannico e del sonar statunitense), un rastrello antisommergibile, ma nello stesso tempo per rilevare la presenza di navi di superficie nemiche in modo da far evitare ai convogli, con il dirottamento, un eventuale *"incontro nelle ore notturne"*.[3]

Inizialmente il movimento dei convogli avrebbe dovuto iniziare il 29 novembre, ma fu rimandato da Supermarina, il Comando operativo dello Stato Maggiore della Regia Marina, di ventiquattro ore. Fu anche deciso che i convogli G e H partiti da Palermo alle ore 10.00 del giorno 30, e naviganti alla velocità di 10 nodi, dovessero procedere riuniti fino alla mezzanotte per poi dividersi e proseguire con rotte parallele (il convoglio G. più a nord del convoglio H) nella rotta diretta verso le rispettive destinazioni della Tunisia, i porti di Tunisi e di Biserta.[4]

É stato fatto notare che Supermarina avrebbe potuto mandare i cacciatorpediniere *Maestrale* (capitano di vascello Nicola Bedeschi), *Ascari* e *Grecale*, reduci dalla posa di mine presso l'isola dei Cani (spezzata S. 96), a rinforzare la scorta al convoglio H. Ma non lo fece per assegnare quelle tre unità alla protezione del convoglio B partito da Napoli, che era considerato il più importante, e che era comandato sulla torpediniera *Sirio* dal capitano di corvetta Nicola Romualdo Bertone. In un promemoria di Supermarina è specificato che fu preferito assegnare i tre cacciatorpediniere al convoglio B, poiché il convoglio "Aventino" essendo *"più veloce, meglio protetto ed in posizione avanzata, si sarebbe trovato, già alla mezzanotte del 1°, in certo modo protetto dai bassi fondali del banco Keith"* (a 6 miglia a nord del banco Skerki, a nord di Biserta, e lungo circa 30 miglia con orientamento nordest-sudovest), e dalle mine degli sbarramenti già sistemati in quella zona.[5]

Dalle intercettazione delle stazioni radio della R. Marina, risultò che tra le 14.40 e le 20.15 del 1° dicembre, tutti e quattro i convogli erano stati avvistati dai ricognitori britannici. Questo, come vedremo, comportò la partenza di unità navali britanniche da Bona e da Malta con la volontà di intercettare i convogli e distruggerli durante la notte.

Tutti i segnali di scoperta dei ricognitori, in pari tempo intercettati e decifrati anche dalle stazioni d'ascolto della Regia Aeronautica e di quelle dell'OBS (il Comando delle Forze Armate tedesche del fronte Sud, agli ordini del feldmaresciallo Albert Kesselring che era anche comandante della 2ª Flotta Aerea – Luftflotte 2.), furono ritrasmessi all'aria da Supermarina, affinché i convogli in mare ne fossero informati, e aumentassero la vigilanza. Il primo segnale che era stato intercettato riguardò la scoperta, a sudovest di Napoli dei due convogli B e C, segnalati da un ricognitore della RAF alle ore 23.00 del 30 novembre. I due convogli, in navigazione nel Tirreno, furono nuovamente segnalati l'indomani, 1° dicembre, alle 14.40 e alle 15.00, e un quarto d'ora dopo fu la volta del convoglio G, partito da Palermo, a essere scoperto. Poi alle 20.15 si ebbe una nuova intercettazione di segnalazione aerea, questa volta del convoglio H anch'esso partito da Palermo.

---

3 AUSMM, *Supermarina Messaggi in Partenza* n. 1823 diretto alla torpediniera capo sezione *Partenope*.
4 AUSMM, *Supermarina Messaggi in Partenza* n. 98465 del 27 novembre 1942 e n. 12499 del 29 novembre 1942.
5 AUSMM, *Composizione Convoglio "Aventino"*, 2 dicembre 1942.

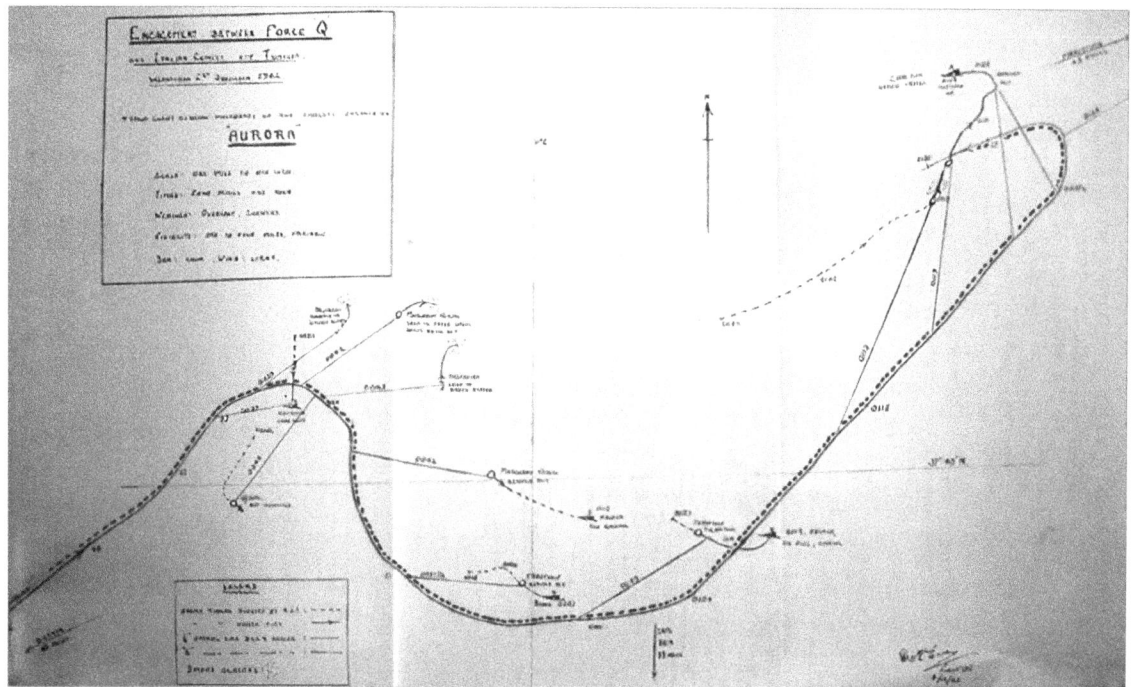

▲ I dettagli della manovra di attacco delle navi della Forza Q al convoglio "Aventino". Nel tracciato misto intero e trattini la rotta dell'incrociatore *Aurora*.

Tutte queste segnalazioni sui movimenti dei convogli non potevano non mettere in allarme Supermarina, anche perché si sospettò che navi nemiche fossero intenzionate a intercettarli, in particolare quelle che potevano arrivare da occidente. Infatti, nel pomeriggio del 30 novembre, alle 13.30, erano state avvistate nel porto di Bona sei navi da guerra imprecisate, ma ritenute un incrociatore e cinque cacciatorpediniere, e Supermarina calcolò che da Bona in sei ore potevano intercettare i convogli B e H. Fu allora richiesta (tramite l'Ufficio di Collegamento della R. Marina presso l'OBS, a Villa Falconieri di Frascati, comandato dal capitano di fregata Virginio Rusca) una ricognizione aerea sul porto di Bona verso il tramonto del 1° dicembre, per accertare quale tipo di navi vi si trovassero.
Chiesto ripetutamente all'OBS l'esito di quella ricognizione, alle 20.35 arrivò, telefonicamente, a Superaereo (il Comando operativo dello Stato Maggiore della Regia Aeronautica) la notizia che, dalle ricognizioni svolte dai velivoli tedeschi Ju.88D dalla 2ª Squadriglia del 122° Gruppo Ricognizione Strategica (2.(F)/122) fino alle ore 18.00, non era stato riscontrato in mare nessun movimento di navi nemiche, mentre non si avevano notizie dei due velivoli (uno tedesco Ju.88 della 2.(F)/122 e l'altro italiano, un Cant. Z. 1007 bis del 51° Gruppo Ricognizione Strategica) incaricati della missione su Bona. Entrambi erano stati infatti abbattuti, il Cant Z. 1007 bis alle 08.00 da due Spitfire del 242° Squadron della RAF, pilotati dal tenente Thomas Hodgson e dal sergente Like Mallison; probabilmente fu quest'ultimo ad abbattere lo Ju. 88.

Ma quel giorno 1° dicembre accadde anche di peggio, poiché allo scopo di menomare le navi britanniche nel porto di Bona, l'Aeronautica della Sardegna mandò all'attacco, nel pomeriggio, intorno alle ore 15.00, due formazioni di velivoli offensivi; la prima costituita

▲ Sopra: Ripresa sui due lati, la nuova torpediniera di scorta *Uragano*, che andò a rinforzare la protezione al convoglio B. Le immagini sono del 1942.

▼ Il cacciatorpediniere italiano *Maestrale* durante prove in mare.

▲ Villa Falconieri, a Frascati (Roma), dove il feldmaresciallo Albert Kesselring esercitava il suo Comando di Comandante Superiore del Sud (OBS).

▼ Nella ricerca dei convogli e delle unità navali dell'Asse venivano impiegati i veloci velivoli di costruzione statunitense Martin A 30, che nella RAF erano conosciuti col nome di Baltimore. Particolarmente attivi erano i Baltimore del 69° Squadron di base nell'aeroporto maltese di Luqa.

▲ Velivolo tedesco Ju.88D del 122° Gruppo Ricognizione Strategica (F)/122).

▼ Bombardiere della Regia Aeronautica Savoia Marchetti S 84. Nell'incursione sul porto di Bona del 1° dicembre 1943, a cui parteciparono dieci S.84, tre furono abbattuti e altri tre danneggiati nell'attacco di velivoli da caccia Spitfire V della Royal Air Force (RAF).

da cinque caccia Reggiane Re. 2001 del 22° Gruppo, armati con bombe da 250 chili che, al comando del capitano Germano La Ferla, effettuarono il bombardamento a tuffo senza poterne rilevare l'esito per la copertura dell'obiettivo di 10/10 a causa dei banchi di nuvole; la seconda azione, di scarso effetto, fu svolta da dieci bombardieri Savoia Marchetti S. 84 del 32° Stormo; tre (pilotati dai comandanti della 228ª e 229ª squadriglia, capitani Enzo Stefani e Umberto Camera, e dal sottotenente Cojana) furono abbattuti dagli Spitfire, mentre altri tre, seriamente danneggiati furono costretti ad atterrare su aeroporti di fortuna.

Ottimisticamente i mitraglieri dei bombardieri si accreditarono l'abbattimento di ben sei caccia nemici, tra Spitfire britannici e P.40 americani, mentre secondo quanto risulta oggi l'attacco agli S. 84 del 32° Stormo fu realizzato, senza perdite, dagli Spitfire V dell'81° e 242° Squadron. All'intercettazione, cui gli abbattimenti furono in gran parte accreditati a piloti del 242° Squadron, in particolare al sergente maggiore G.A. Couttes e al J.R. Mallison, parteciparono anche dieci Spitfire americani della 52ª Squadriglia, tuttavia meno efficaci dei britannici, dal momento che soltanto il loro comandante, tenente colonnello Graham W. West, riferì di aver danneggiato uno dei bombardieri italiani.

Nel pomeriggio di quello stesso 1° dicembre, alle 16.30, Supermarina richiese a Superaereo di volere interessare il Comando del II Fliegerkorps affinché durante la notte venissero bombardati gli aeroporti nella zona tra Bona e Bougie, allo scopo di impedire agli aerei nemici di levarsi in volo per attaccare i convogli. Il II Fliegerkorps rispose che all'impiego notturno contro gli aeroporti erano destinati 18 bombardieri (sei Ju. 88, due Do. 217 e dieci He. 111).

▲ L'incrociatore Aurora, nave ammiraglia della Forza Q, ripreso nel dicembre 1942.

▲ Il cacciatorpediniere britannico *Ithuriel*, della Forza Q, che fu colpito da una bomba a Bona il 1° dicembre 1940 rimanendovi all'incaglio immobilizzato.

▼ Al centro il contrammiraglio Edward Venables-Vernon-Harcourt, comandante la 12ª Divisione e la Forza Q, con due capitani di vascello degli incrociatori alle sue dipendenze. A destra William Gladstone Agnew, comandante dell'*Aurora*, la nave comando di Harcourt.

LA PARTENZA DA BONA DELLA FORZA Q E L'AVVICINAMENTO AL CONVOGLIO H "AVENTINO"

Il porto di Bona, con le sue eccellenti banchine e sistemazioni per lo scarico, era nella seconda metà del mese di novembre 1942 la base avanzata per i rifornimenti della 1ª Armata Britannica del generale Kenneth Arthur Noel Anderson, che operava al confine con la Tunisia, occupata dalle forze dell'Asse. La linea del fronte settentrionale si trovava allora nella zona di Tabarca. Bona, al confine tra la Tunisia e l'Algeria, era anche dotata di un buon aeroporto ed essendo entro il raggio delle rotte nemiche che dall'Italia portavano a Tunisi e Biserta, era in buona posizione per poter attaccare i rifornimenti del nemico, con puntate notturne affidate a incrociatori e cacciatorpediniere.

Grazie alle decrittazioni Ultra di Bletchley Park (Government Code and Cypher School) il 22 novembre gli inglesi capirono che alcuni convogli italiani sarebbero stati in movimento per Tunisi, Biserta e Tripoli e, per intercettarli, trasferirono da Algeri a Bona la Forza Q del contrammiraglio Edward Venables-Vernon-Harcourt, comandante la 12ª Divisione sull'incrociatore *Aurora*. Oltre all'*Aurora*, armato con sei cannoni da 152 mm, la Forza Q includeva altri due incrociatori leggeri della classe "Dido", il *Sirius* e l'*Argonaut*, entrambi con dieci cannoni a tiro rapido da 133 mm, e due moderni cacciatorpediniere, il britannico *Quentin* e l'australiano *Quiberon*, che disponevano ciascuno di quattro cannoni da 120 mm.

Nel novembre-dicembre 1941 il comandante dell'*Aurora*, era il capitano di vascello William Gladstone Agnew, che aveva guidato come commodoro la famosa Forza K di Malta, costituita dagli incrociatori *Aurora* e *Penelope* e dai cacciatorpediniere *Lance* e *Lively*. Essa nel mese di novembre 1941 aveva affondato tredici navi mercantili dei convogli "Duisburg", "Maritza", "Aventino" e "Montanari" destinati al rifornimento della Libia, e due unità di scorta, i cacciatorpediniere *Libeccio* e *Da Mosto*, determinando nella Regia Marina una crisi superata solo per l'arrivo in Sicilia del feldmarsciallo Albert Kesselring, il miglior comandante di aviazione di Hitler, che lo nominò pure Comandante Superiore del Sud (Oberbefelshaber Süd – OBS). Dalla 2ª Flotta Aerea (2ª Luftflotte) dipendevano il 2° e 10° Coprpo Aereo (II e X Fliegerkorps), rispettivamente dislocati in Italia e in Grecia, il Comando della Kriegsmarine in Italia e pure l'Afrika Korps del generale, poi feldmarsciallo, Erwin Rommel. Alle dipendenze di Rommel, per il sostegno alle operazioni terrestri in Libia e Tunisia, erano le unità aeree del Comando Aereo dell'Africa (Fliegerführer Afrika) e del Comando Aereo Tunisi (Fliegerkorps Tunis), che dipendevano pur sempre dall'OBS.

Naturalmente italiani e tedeschi erano consapevoli del valore di Bona, sia come punto d'arrivo dei rifornimenti per l'Esercito in Tunisia, sia come base per le unità leggere della Royal Navy, incrociatori e cacciatorpediniere. E pertanto le aviazioni dell'Asse, partendo con i bombardieri dagli aeroporti e campi di volo dalla Sicilia e dalla Sardegna e con bombardieri in picchiata anche dalla Tunisia, effettuarono violenti e quotidiani attacchi di giorno e di notte per tutto il mese di novembre 1942. Particolarmente violente furono le incursioni della notte del 27/28, che durarono cinque ore e mezzo, causando, tra l'altro, il grave danneggiamento del

▲ Il contrammiraglio Cecil H.J. Harcour, comandante della 12ª Divisione ispeziona ad Algeri una rappresentanza dell'incrociatore *Argonaut*, accompagnato dal comandante, capitano di vascello Eric William LongleyCooky, che lo sta seguendo.

▼ L'incrociatore *Aurora*, nave ammiraglia della Forza Q, ripreso a Bona nel dicembre 1942.

cacciatorpediniere *Ithuriel* (capitano di corvetta David Hugh Maitland-Makgill-Crichton) che, attaccato mentre si apprestava ad uscire in mare con le altre unità della Forza Q, fu centrato in pieno da una bomba e portato all'incaglio, fu considerato "total loss" (perdita totale) e quindi di non riparabile convenienza. Venne smantellato nel novembre 1945.

Occorre anche dire che sommergibili britannici, della 8ª Squadriglia di Gibilterra e della 10ª Squadriglia di Malta, erano continuamente in pattugliamento lungo le rotte dei convogli dell'Asse, ed in particolare stazionavano in agguato nei pressi dei porti di Tunisi e di Biserta; ciò che costrinse il Comando Supremo delle Forze Armate italiane, alle dipendenze del Capo di Stato Maggiore Generale maresciallo d'Italia Ugo Cavallero, ad organizzare con il concorso dell'OBS un continua sorveglianza antisom nella zona tra la Sicilia occidentale e la Tunisia, con l'impiego di unità navali leggere e aerei. Ma nel frattempo il movimento del convoglio "Aventino" era arrivato a conoscenza dell'Organizzazione crittografica britannica Ultra. Fin dal 29 novembre l'Operational Intelligence Centre dell'Ammiragliato britannico, con il dispaccio O.I.C./M.C.183 del 29 novembre trasemsso alla Forza Q riportava:

"*Piroscafi PUCCINI, AVENTINO, GUALDI, petroliera GIORGIO e K.T.1 salperanno da Palermo alle 06.30 del giorno 1, essendo stata ritardata di 24 ore la loro partenza, unendosi con l'ASPROMONTE al largo di Trapani e quindi dirigendo per i porti tunisini alla velocità di 9 nodi. Il GUALDI e il GIORGIO per Tunisi e gli altri per Biserta. Ambedue i convogli giungeranno probabilmente alle 06.00 del giorno 2. (Forza Q)*".

L'arrivo a Biserta dei piroscafi *Arlesiana*, *Achille Lauro*, *Campania* e *Menes*, che viaggiavano a 7 nodi, era invece previsto alle 11.00 del 2 dicembre; quello diretto a Tripoli, il convoglio C, con i piroscafi *Chisone* e *Veloce*, e velocità di 9 nodi, sarebbe salpato alle 20,30 del 3 dicembre.[6]

I tre convogli furono avvistati dai ricognitori della RAF nel pomeriggio del 1° dicembre, e alle 17,30 la Forza Q salpò da Bona per sorprenderli ad occidente del Canale di Sicilia. Le istruzioni di Harcourt ai cinque comandanti erano le seguenti:[7]

"*a) Tenersi in linea di fila in modo che ogni nave fuori della linea [possa venir] chiamente [identificata come] nemica.*

b) Portare l'azione a fondo, attaccare prima la scorta e poi il convoglio, l'ammiraglia segnalerà l'unità di scorta da attaccare puntando la prora nella sua direzione.

c) Usare illuminanti solo se la visibilità non consente di scorgere i punti di caduta dei colpi.

d) In caso di forte separazione dalla linea segnalare coi fanali di mischia la propria posizione.

e) Fino all'inizio dell'azione, fare le segnalazioni esclusivamente a luce oscurata in linea di fila col metodo F.

f) Mantenere l'assoluto silenzio radio durante l'avvicinamento.

g) In caso di assoluta necessità, consentite esclusivamente segnalazioni radiofoniche limitate all'orizzonte, per non consentire l'intercettazione radiogoniometrica da parte del nemico".[8]

---

6 Ibidem, Appendice VI, p. 329.
7 AUSMM, *Scambio notizie con Ammiragliato britannico*, Enclosure I to HSL 99/57.
8 Nella nota era riportato: "*É stato più tardi rilevato che i messaggi in R/F su V.H.F. potevano essere rilevati al radiogoniometro*".

▲ L'incrociatore britannico *Argonaut*, una delle unità della Forza Q, a Bona nel dicembre 1942. Notare i lavori in corso per riparare i danni causati alle banchine del porto dagli attacchi degli aerei dell'Asse. Sotto: profilo di un incrociatore della classe "Dido". La Forza Q ne contava due, *Sirius* e *Argonaut*.

▼ La torpediniera *Partenope* che assieme alla gemella *Perseo* precedeva per sorveglianza antinave, antisom e dragaggio la rotta dei convogli diretti a Tunisi e Biserta.

A queste disposizioni di navigazione e attacco le cinque unità della Forza Q si adeguarono, salvo come vedremo una sola eccezione, per breve tempo, nel corso della missione.

Per depistare eventuali avvistamenti nemici, fino al tramonto la Forza Q diresse a ovest, e alle 18.00 invertì la rotta a 052°, procedendo nell'oscurità alla notevole velocità di 27 nodi, con le unità in linea di fila, nell'ordine *Aurora* (capitano di vascello William Gladstone Agnew), *Sirius* (capitano di vascello Patrick William Beresford Brooking), *Argonaut* (capitano di vascello Eric William Longley-Cook), *Quiberon* (capitano di fregata Hugh Waters Ahelley Browning), *Quentin* (capitano di corvetta Allan Herbert Percy Noble). Durante la navigazione, alle 20.45 e alle 22.10, l'*Aurora* ricevette da un aereo da ricognizione notturna la segnalazione della presenza del convoglio H, noto anche come convoglio "Aventino" dal nome del piroscafo nave comando. Sulla base della prima segnalazione del convoglio H alle ore 21.00, con la Forza Q che si trovava in lat. 37°50'N, long. 09°00'E corrispondente a 22 miglia per 360° dall'isola La Galite, la rotta della formazione fu cambiata per 104°, velocità 27 nodi. E ciò in seguito ad un apprezzamento fatto sull'*Aurora*, e in cui fu ritenuto che un convoglio nemico, forse due, avrebbe raggiunto a mezzanotte un punto a 2 miglia per 053° dalla posizione in cui sarebbe venuto a trovarsi l'incrociatore.

Alle 23.03 i velivoli bengalieri che fino ad allora avevano illuminato a intermittenza il convoglio, ricevettero l'ordine, intercettato dalle stazioni d'ascolto italiane, *"non illuminate il nemico"*. E ciò fu ritenuto che il segnale fosse fatto dai britannici *"Evidentemente allo scopo di evitare il più possibile avvistamento delle proprie navi da parte del convoglio"*.[9]

Alle 23.30, sullo schermo radar tipo 271 dell'*Aurora* apparvero due oggetti a circa 4 miglia verso sud, e fu ritenuto potesse trattarsi di due Mas (in inglese MTB) nemici, mentre in realtà poteva anche trattarsi delle due torpediniere italiane *Partenope* e *Perseo* che procedevano la rotta dei convogli italiani H e B, dragando la rotta e mantenendo ascolto antisom all'ecogoniometro.

La Forza Q mantenne la rotta per 104°, perché non fu ritenuto possibile che in quelle condizioni, i Mas avrebbero potuto attaccare la formazione navale con successo.

Secondo il rapporto della torpediniera *Partenope*, dopo che era stato avvistato di poppa il bagliore di tiro contraereo e illuminante, alle 23.35 avvenne il sorvolo di un aereo nemico, e alle 23.48 fu avvistata *"per 45° a dritta della prora una sagoma nera"*. Accostando immediatamente, mettendo la prua addosso a quella, che fu riconosciuta per una motosilurante, il comandante della *Partenope*, capitano di corvetta Gustavo Lovatelli, dopo aver fatto il prescritto segnale di riconoscimento cui da parte della motosilurante non fu data risposta, non prese nessuna iniziativa per segnalare all'aria quella presenza, probabilmente perché sapeva che la posizione delle motosiluranti in mare era conosciuta.[10]

Nel frattempo, alle ore 23.37 da bordo delle navi della Forza Q erano stati avvistati bagliori per 078°, alla distanza di circa 20 miglia. Nello stesso tempo il cielo cominciò ad annuvolarsi e forti acquazzoni si susseguirono ad intervalli.

---

9 USMM, Supermarina, *Scontro navale della notte del 2 dicembre*.

10 Dal Diario di Supermarina sappiamo che nella notte su 2 dicembre tre motosiluranti italiane, partite da Biserta, parteciparono allo sbarco di 150 uomini del Reggimento San Marco sull'isole Galite, che fu occupata senza alcuna resistenza. Risulta poi che motosiluranti tedesche della 3ª Flottiglia, salpate da Biserta alle 00.01 del 2 dicembre trascorsero la notte *"nella zona di Capo Coram per agguato antisbarchi"* nella zona di Tabarca, dove si svolgevano i combattimenti terrestri tra le forze tedesche e quelle britanniche al confine della Tunisia con l'Algeria.

Alle 00.01 del 2 dicembre 1942, trovandosi in lat. 37°32'N, long. 10°35'E, la Forza Q assunse rotta 050°, e la velocità fu ridotta a 25 nodi. Un minuto dopo furono avvistati sette bagliori su rilevamento 050°, alla distanza di 15 miglia. Dirigendo verso il punto in cui i velivoli da ricognizione britanni forniti del radar di scoperta navale ASV (Air-to-Surface Vessel) stavano illuminando l'obiettivo con bengala, alle ore 00.21 apparvero sugli schermi radar degli echi tra 040° e 080°, a distanze comprese tra 3 e 6 miglia, e poiché era evidente che presto sarebbe stato incontrato un convoglio, l'*Aurora*, variò la rotta per 040° e ridusse ulteriormente la velocità a 20 nodi.

Alle 00.36 l'*Aurora*, trovandosi lat. 37°39°N, long. 10°50'E, corrispondenti a 60 miglia a nord di Biserta, avvistò due navi e manovrò per attaccarle.[11] Come vedremo in seguito dettagliatamente, in un'azione di fuoco che si prolungò per un'ora fino alle 01.35, il convoglio H fu completamente distrutto.

In realtà il movimento delle navi britanniche verso il Canale di Sicilia non era passato inosservato. La Forza Q era stata avvistata alle 22.40 del 1° dicembre a 60 miglia per 290° da Capo Bon da un aereo da ricognizione Ju. 88 tedesco della Squadriglia 2.(F)/122, che segnalò: "*2240 – 5 unità da guerra imprecisate di medio tonnellaggio – Velocità alta – rotta 90 in 37°42' – 09°45'*".[12]

Il punto dell'avvistamento delle formazione nemica che procedeva con rotta Levante corrispondeva a 20 miglia a nord di Biserta.

Protocollata alle 22.40, la notizia dell'avvistamento fu però trasmessa da Supermarina all'OBS solo un'ora dopo (23.44), circostanza sottolineata dalla successiva Relazione sull'annientamento del convoglio "Aventino" redatta dall'amm. Angelo Parona, comandante la 3ª Divisione Navale a Messina[13] Parona scrisse che si ignoravano le ragioni del ritardo, facendo irritare il Capo di Stato Maggiore della Regia Marina, ammiraglio di armata Arturo Riccardi, il quale gli ingiunse di "*eliminare quelle considerazioni che esulavano dai limiti dell'incarico*" ricevuto. Secondo Riccardi il ritardo non era colpa di Supermarina, ma di Superaereo (il Comando Operativo dello Stato Maggiore della Regia Marina), perché "*l'aereo avvistante, avendo la radio in avaria,* [aveva comunicato] *la scoperta solo al rientro e questa* [era pervenuta] *telefonicamente a Supermarina solo alle 2330*". In realtà dall'esame dei documenti tedeschi non risultano conferma all'asserito guasto alla radio del velivolo.

Come risulta in un promemoria di Supermarina, compilato dal capitano di vascello

---

11 Ibidem. Le stazioni radio di Supermarina intercettarono alle 00.33 la segnalazione di avvistamento, secondo cui il convoglio H si trovava "*a 3 miglia per 70°*" dall'unità che lo aveva avvistato. Occorre anche dire che la rotta della Forza Q era per 104° e non 90° come comunicato dall'aereo tedesco. L'attacco, secondo le relazioni italiane, avvenne in lat. 37°40'N, long. 10°58'E.

12 In un appunto dell'OBS, trasmesso il 2 dicembre 1942 a Supermarina e dall'oggetto "*Orientamento sulla situazione in mare*", è riportato: "*2240 – 5 supposte unità da guerra di medio tonnellaggio (successivamente comunicato 1 Incr. e 5 CC.TT), avvistate da un nostro aereo in 9843/03 Est, rotta Est, alta velocità*". La segnalazione sulla presenza di un incrociatore e cinque cacciatorpediniere arrivò quando ormai il combattimento navale si era concluso da parecchie ore. Questa notizia, portata alla conoscenza di Supermarina dal Comando della Marina Germanica in Italia, che risiedeva in locali attigui a quelli dell'organo operativo dell'Alto Comando della Regia Marina, e che era stata trasmessa dal Comando della Marina Germanica in Tunisia, riportava: "*Aereo comunica: Formazione nemica sarebbe composta, alle ore 01.40, in 37°37'N, 11°15'E, di un incrociatore e cinque cc.tt.*". Cfr, Messaggio a mano n. 256 del 2 dicembre 1942.

13 AUSMM, *Scontro della notte del 2 dicembre 1942 a sud del Banco Skerki fra forze navali nemiche a convoglio "Da Recco"*, Allegato al foglio n. 449/SRP del 12 Dicembre 1942-XXI.

Lorenzo Gasparri, Comandante del Gruppo Cacciatorpediniere della Squadra Navale, che confermava alle 23.30 l'orario di arrivo del segnale di scoperta trasmesso dall'OBS, l'organo operativo dell'Alto Comando navale fece il seguente apprezzamento della situazione: [14]

"Viene immediatamente lanciato il segnale di scoperta che fu trasmesso dalla stazione r.t. alle 23.40".

Esaminata la situazione è risultato quanto segue:

- Il convoglio C era notevolmente isolato dal raggio d'azione delle forze avvistate.

- il convoglio G era già stato attaccato da aerei e la cisterna GIORGIO, colpita, si trovava in fiamme fin dalle 225001.

- I convogli H e B erano quelli più direttamente minacciati ed in particolare l'H che non solo era in posizione più avanzata rispetto all'altro, ma seguiva una rotta di più probabile incontro con le unità nemiche. Attribuendo a queste ultime una velocità di 30 nodi (che poi è risultata quella reale) appariva molto probabile l'avvistamento del convoglio fra le 001002 e le 003002.

Nel frattempo l'O.B.S. aveva chiesto se era da supporre che le forze avvistate alle 224001 fossero nazionali; Supermarina rispose che ciò sembrava da escludersi perché in quella notte erano in navigazione soltanto tre M.S. fra Biserta e La Galite. Venne ad ogni modo interessato l'O.B.S. a dare qualche notizia meno incerta circa il tipo delle navi avvistate ed a comunicare se lo avvistamento poteva riferirsi a M.S.

L'O.B.S. rispose che data l'ora in cui l'avvistamento aveva avuto luogo non era possibile fornire elementi più precisi, ma che non era neppure da escludere che le unità avvistate fossero M.S.

Data però la posizione e la rotta della forza avvistata, Supermarina giudicò che si doveva trattare di unità avversarie; pertanto, avendo l'O.B.S. chiesto di poterle attaccare, Supermarina diede il consenso dopo aver comunicato con precisione la posizione e la rotta dei convogli B e H ed aver richiamato l'attenzione dell'O.B.S. sulla necessità di evitare equivoci.

Subito dopo la trasmissione del messaggio di scoperta, fu esaminato se era conveniente ordinare l'inversione di rotta dei convogli B e H.

Tenuto conto che generalmente l'esecuzione degli ordini di dirottamento dati ai convogli non vengono eseguiti che dopo 30 o anche 45 minuti dall'istante dell'ordine, si osservò che se la forza nemica avesse avuto la velocità di circa 30 nodi essa sarebbe giunta nella zona del convoglio H mentre la manovra d'inversione era in corso; in ogni caso il contatto tattico fra le forze avversarie ed il convoglio H sarebbe stato ritardato di ben poco, date le posizioni relative che dovevano avere entrambi i due gruppi.

Appariva pertanto ancora preferibile che il convoglio H e le unità di scorta, nell'imminenza dell'avvistamento si trovasse in formazione ordinata. Perciò l'ordine di inversione o di cambiamento di rotta al convoglio H non venne dato".

Occorre infine dire che alle 23.40 del 1° dicembre, ossia esattamente un'ora dopo l'av-

---

14 AUSMM, "*Rapporto degli avvenimenti relativi all'azione svoltasi nella notte fra il 1° ed il 2 dicembre 1942 a circa 38 miglia per 350° da Capo Bon*".

▲ La torpediniera *Perseo* nel 1942.

vistamento della Forza Q diretta a levante, un altro aereo da ricognizione tedesco segnalò, senza specificare l'ora di avvistamento: "*6 unità leggere Rv. 90° 20 mgl. a Nord di Biserta*. Si trattava della medesima formazione navale britannica, che stava dirigendo sul convoglio H.

Uguale comportamento fu tenuto a Roma nei confronti del convoglio B, che alle ore 01.00 si trovava arretrato di circa 60 miglia dal convoglio H, poiché fu ritenuto che il comandante della scorta, capitano di vascello Aldo Cocchia, "*avendo ricevuto il messaggio di scoperta trasmesso da Supermarina alle 234001 e quello successivo del DA RECCO*", che alle 0030 aveva trasmesso un segnale per chiedere ordini il relazione all'avvistamento dell'aero tedesco delle 22.40, "*avrebbe potuto regolare nel modo più opportuno in relazione alla sua posizione rispetto a quella del convoglio H*". E in effetti a mezzanotte il convoglio B, per iniziativa del suo comandante, accostò a sinistra con rotta 80° dirigendo per Palermo.

Come chiaramente si vede, questi furono i veri motivi per cui l'inversione di rotta del convogli H e B non fu ordinata dopo l'avvistamento aereo tedesco. E con tale promemoria Supermarina se ne assunse tutte le responsabilità, portando a conoscenza carenze operative che purtroppo nel dopo guerra furono dimenticate trattando l'argomento nella Storia Ufficiale, riportando, in modo ambiguo, soltanto quello che non appariva compromettente per il prestigio della Marina.

Poiché l'attacco della Forza Q, secondo i rapporti italiani concordanti con quelli britannici, iniziò alle 00.36, Supermarina ebbe almeno un'ora di tempo per ordinare se non il dirottamento almeno il frazionamento del convoglio. Evidentemente, come risulta dal Promemoria, Supermarina aveva sottovalutato quella che era la minaccia effettiva e, ritenendo che ad attaccare potessero essere soltanto cacciatorpediniere, e quindi navi relativamente meno pericolose degli incrociatori, non prese i provvedimenti necessari più razionali.

Faccio notare che, per l'urgenza di fronteggiare la minaccia nemica, l'ordine di dirottamento del cambio di rotta o dispersione del convoglio H, poteva essere trasmesso al cacciatorpediniere *Da Recco* tempestivamente in chiaro e con parole convenzionali, ed anche in radiofonia, ciò che avrebbe fatto risparmiare molto tempo. Non è detto che le navi mercantili del convoglio, per la loro bassa velocità di 10 nodi, potessero sottrarsi dall'inseguimento delle navi nemiche, ma almeno si poteva tentare, e si fossero frazionate nell'oscurità qualcuna di esse sarebbe passata o tornata indietro.

In realtà, come appare dal Promemoria n. 125 del 3 dicembre 1942, inviato al Comando Supremo e conseguentemente all'attenzione del Capo del Governo e Ministro della Guerra Benito Mussolini, Supermarina confermando i dubbi su quell'avvistamento dell'aereo tedesco, e forse non sapendo come potersi giustificare per quella sua irrazionale decisione, scrisse:[15]

"Il convoglio AVENTINO faceva parte di un sistema frazionato di 4 convogli, tutti in moto contemporaneamente nella notte sul 2. La semplice notizia della presenza Bona di unità da guerra non poteva essere sufficiente a far sospendere l'operazione già molto avanzata, data l'estrema urgenza di essa.

Se si dovessero contro mandare le operazioni di trasporto e dirottare i convogli tutte le volte che si riceve la prima notizia di un avvistamento, che spesso non è confermata o quando per la presunta presenza del nemico in una zona risulta possibile un suo intervento, il traffico sarebbe certo più sicuro, ma di gran lunga meno intenso. E i consumi di nafta diventerebbero proibitivi".[16]

Come abbiamo visto, nella valutazione di Supermarina "il convoglio G (Palermo – Tunisi), segnalato dai ricognitori britannici, alle 21.15 era stato attaccato a sud di Marettimo. La cisterna *Giorgio* colpita da un siluro era in fiamme e immobilizzata, avendo vicino le sue due unità di scorta, il cacciatorpediniere *Lampo* e la torpediniera *Climene*.

I convogli H e B erano quelli che apparivano più direttamente minacciati, e di essi in particolare il convoglio H, perché oltre a trovarsi nella posizione più avanzata era anche quello che seguiva una rotta di più probabile incontro con le unità nemiche, che avrebbe potuto avvistare fra le ore 00.10 e le 00.30 del 2 dicembre.

Sempre alle 00.30 il cacciatorpediniere *Da Recco*, unità capo scorta del convoglio H, trasmise un segnale per chiedere ordini in relazione all'avvistamento aereo delle 22.40, sul quale evidentemente vi era preoccupazione. Ma prima di poter ricevere la risposta, alle 00.40 il *Da Recco* trasmise il segnale di scoperta delle unità nemiche.

Nel frattempo che a Supermarina si decideva sul da farsi, alle 00.25 del 2 dicembre, l'OBS aveva comunicato a Superaereo: *"I tedeschi attaccheranno le cinque unità avvistate a nord di Biserta con bombardieri durante la notte e con aerosiluranti all'alba"*.

Ma vediamo come si realizzò l'attacco delle unità britanniche e la distruzione delle navi mercantili del convoglio H.

---

15 AUSMM, *Considerazione sull'azione navale della notte sul 2 dicembre 1942-XX*.
16 Circa la necessità di scortare i convogli con le forze navali principali, che erano poi soprattutto le accuse tedesche, nel Promemoria n. 125, Supermarina scriveva: *"Una Divisione Navale dislocata a Cagliari avrebbe permesso non di impedire l'azione navale, ma di vincolarla con la possibilità di un incontro all'alba"*. E questo per la necessità di impedire uno scontro notturno in cui la Marina italiana non era sufficientemente addestrata, e nel contempo priva di apparati adatti per quel tipo di combattimento, come il radar e apparati di avvistamento ottico a grande luce notturna.

▲ Visita all'incrociatore *Trieste* a Messina del generale Bruno Loerzer, Comandante il II Fliegerkorps in Sicilia. Da sinistra il vice ammiraglio Angelo Parona, comandante la 3ª Divisione incrociatori, Loerzer, il capitano di vascello Renato Salvatori, comandante del *Trieste*, e altri due ufficiali.

▼ L'incrociatore *Sirius*. Come il *Dido* e l'*Argonaut* apparteneva alla classe "Dido", ed aveva un formidabile armamento navale e contraereo con 10 cannoni ad alta elevazione e forte cadenza di tiro navale e contraereo da 133 mm.

▲ Il cacciatorpediniere *Nicoloso Da Recco*, della classe "Navigatori", nave comando del convoglio H ("Aventino").

▼ Navigazione di guerra di una torpediniera italiana. I due cannoni prodieri da 100 m/m sono tenuti pronti a far fuoco alla massima elevazione di 45°.

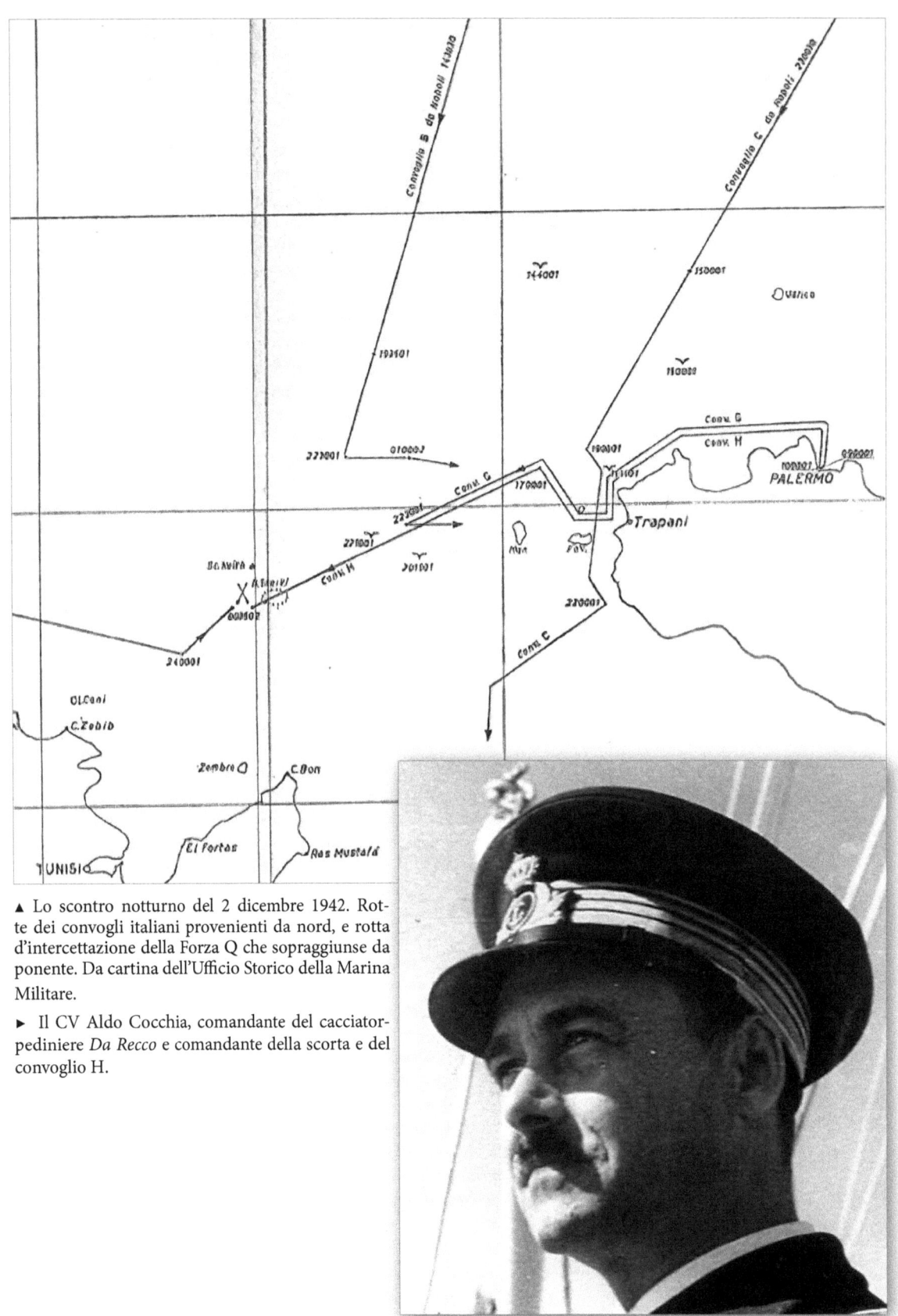

▲ Lo scontro notturno del 2 dicembre 1942. Rotte dei convogli italiani provenienti da nord, e rotta d'intercettazione della Forza Q che sopraggiunse da ponente. Da cartina dell'Ufficio Storico della Marina Militare.

▶ Il CV Aldo Cocchia, comandante del cacciatorpediniere *Da Recco* e comandante della scorta e del convoglio H.

LA NAVIGAZIONE DEL CONVOGLIO H FINO ALL'INCONTRO CON LA FORZA Q

Dopo la partenza da Palermo, alle 10.15 del 30 dicembre, il convoglio H, marciando alla velocità di 10 nodi, aveva assunto una formazione di navigazione con le navi mercantili su due colonne, protette dalle unità di scorta (vedi sottostante cartina).

I piroscafi *Aventino* e *Aspromonte*, distanziati 800 metri, erano, rispetto alla direzione di rotta, sulla colonna sinistra, il *Puccini* e il *K.T. 1*, egualmente distanziati, sulla colonna destra. La distanza tra le due colonne era anch'essa di 800 metri. Due unità di scorta, il cacciatorpediniere nave capo scorta *Da Recco* (capitano di vascello Aldo Cocchia) si trovava a 1.700 metri sulla sinistra dell'*Aventino*, ma più avanti di circa 800 metri, ed era seguito, alla distanza di 1.600 metri, dalla torpediniera *Clio* che invece si trovava a 1.500 metri di distanza parallela all'ultima nave della colonna del convoglio, l'*Aspromonte*. Disposti egualmente si trovavano, sul fianco destro del piroscafo *Puccini* e K.T.1, la torpediniera *Procione* seguita dal cacciatorpediniere *Camicia Nera*. In posizione arretrata di 1.000 metri rispetto al centro delle colonne del convoglio, il cacciatorpediniere *Folgore* che, in caso di inversione di rotta, a seguito di un allarme di minaccia navale, si sarebbe venuto a trovare in posizione adatta per occultare i piroscafi con cortine di nebbia, e trovarsi anche in posizione adatta per contrattaccare.[17]

Nell'ordine di operazione compilato dal capitano di vascello Cocchia e portato prima della partenza da Palermo alla conoscenza dei comandanti delle navi del convoglio H e della scorta, era stabilito che, in caso d'incontro con unità di superficie:[18]

"Le siluranti di scorta attaccheranno il nemico impegnandolo a fondo e coprendo il convoglio con nebbia. Le unità mercantili assumeranno, anche senza ordini, la rotta di più rapido allontanamento cercando di coprirsi con nebbia. FOLGORE e CLIO resteranno col convoglio".

Queste direttive furono discusse nella riunione con i comandanti di tutte le navi del convoglio H, che si svolse sul cacciatorpediniere capo scorta *Da Recco*, e che il comandante Aldo Cocchia ha descritto come segue in un suo libro autobiografico:[19]

"Il 30 novembre convocai i comandanti delle unità da guerra e delle navi mercantili per la consueta riunione che si teneva prima di ogni partenza. La riunione riuscì particolarmente numerosa perché vi feci partecipare anche gli ufficiali alle comunicazioni delle singole unità ai quali volevo dare personali istruzioni, tanto ritenevo essenziale il servizio che a loro avrebbe fatto capo. Diedi le consuete direttive per il caso di incontro con aerei e con sommergibili nemici, prescrissi le varie formazioni da assumere, i segnali che sarebbero stati scambiati e precisai che qualora fossero state avvistate navi di superficie nemiche DA RECCO, CAMICIA NERA e PROCIONE sarebbero andati all'attacco senz'altro, senza attendere ordini né segnali e avrebbero combattuto <u>ad oltranza</u>; in tale evenienza le navi mercantili avrebbero dovuto

---

17 Il grafico di marcia, sia diurno sia notturno del convoglio, era quello previsto dagli articoli 18 e 19 della D.T. 1S. edizione luglio 1942.
18 AUSMM, R. C.T. Da Recco, *Ordine di Operazione n. 17*, del 30 novembre 1942.
19 Aldo Cocchia, *Convogli. Un marinaio in guerra 1940-1941*, Mursia, Milano, 2004, p. 299 seg.

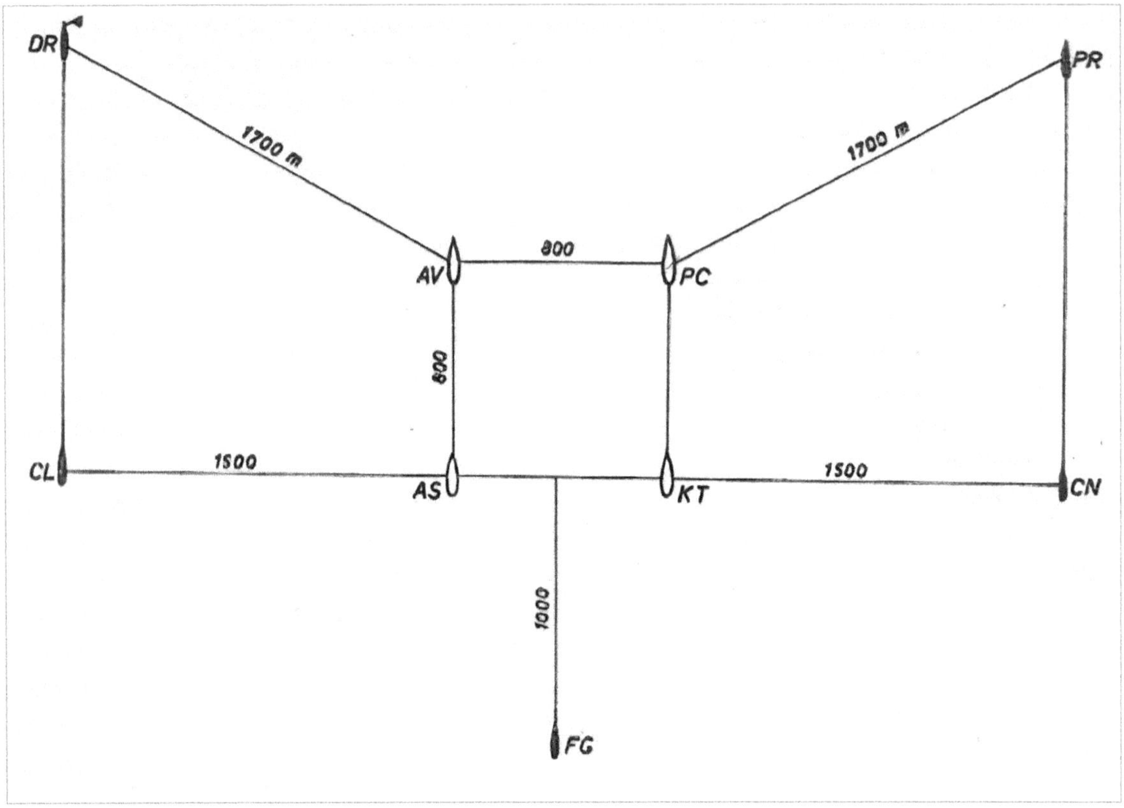

▲ Grafico dell'Ufficio Storico della Marina Militare.
▼ La motonave *Puccini*, che entrando in collisione con l'*Aspromonte* causò una dispersione del convoglio H e delle navi di scorta poco prima che avesse inizio l'attacco della Forza Q.

assumere, accompagnate da FOLGORE e da CLIO, la rotta di più rapido allontanamento, anch'esse sansa attendere ordini".

La navigazione del convoglio H durante la notte si svolse con mare calmo, ma anche con pessima visibilità essendovi un orizzonte alquanto fosco e la luna coperta da spessi banchi di nuvole. Non vi furono allarmi fino a dopo le ore 20.00 del 1° dicembre, quando fino alle 24.00, il convoglio, che procedeva con rotta est-sudest (245°), fu continuamente sorvolato, senza che si verificassero attacchi, da aerei che lo illuminarono a intermittenza con bengala.[20] Per precauzione le navi mercantili raddoppiarono la distanza fra le colonne, mentre le unità di scorta la diminuirono avvicinandosi al fianco dei piroscafi allo scopo di rendere più efficace il mascheramento con nebbia, in caso di attacco.

Non altrettanto fortunato fu il convoglio G. Dopo la partenza da Palermo alle 09.15 del 1°dicembre, la cisterna *Giorgio* (comandante militare tenente di vascello Italo Cappa), scortata dal cacciatorpediniere *Lampo* e dalla torpediniera *Climene*, alle 15.00 aveva invertito la rotta per attendere il convoglio H che doveva sorpassarla, e alle 16.30, quando ciò avvenne, come da ordine di operazioni si accodò al convoglio stesso, tornando nella rotta primitiva, e mantenendosi a qualche miglio di distanza. Alle 18.33, avendo udito rumore di aerei, furono presi i provvedimenti per fronteggiare un eventuale attacco. Dalle 20.31 alle 21.48 il convoglio G fu continuamente sorvolato da aerei che costrinsero le navi a frequenti accostate, facendo fumo e in qualche occasione a far fuoco con le mitragliere.

Alle 21.58, preparato dal lancio di numerosi bengala sul fianco sinistro, furono visti alcuni aerei passare vicinissimi e subito dopo la *Giorgio* fu colpita da un siluro a prora, in corrispondenza della cisterna n. 1, a sud dell'isola Marettimo e a 44 miglia per 268° da Trapani.

L'attacco aereo era avvenuto per opera di tre aerosiluranti Albacore dell'828° Squadron dell'Aviazione Navale britannica (Fleet Air Arms – FAA) decollati dall'aeroporto maltese di Hal Far al comando del tenente di vascello R.M. Maund e guidati da un altro Albacore dell'821° Squadron per mezzo del radar di scoperta navale ASV, impiegato anche come velivolo bengaliere. I sottotenenti di vascello Pratt e Kendrick, piloti degli Albacore, sostennero che un siluro aveva colpito e incendiato una petroliera di 6-7.000 tonnellate, attaccata alle ore 22.55 a 15 miglia a sud di Marettimo.

Nel frattempo, per attaccare lo stesso convoglio alle 19.25 era decollata da Malta un'altra formazione di sette Albacore del 221° Squadron della FAA, cinque aerosiluranti e due bengalieri; ma gli equipaggi non riuscirono a localizzare le navi nemiche.

Sulla cisterna *Giorgio*, in seguito all'esplosione del siluro, si manifestò una violenta vampata che investì anche il ponte di comando e nella zona prodiera della nave si sviluppò un incendio di notevoli proporzioni, mentre le macchine entrarono in avaria, con conseguente ordine di spegnere la caldaia onde evitare un possibile ulteriore incendio. Mentre si dava soccorso ai feriti, la cisterna *Giorgio* si arrestò sbandata sulla dritta e alquanto ap-

---

20 Alle 19.56 del 30 novembre il cacciatorpediniere *Folgore*, l'unica nave del convoglio H fornita del rilevatore di onde radar "Metox", comunicò alla nave comando *Da Recco "Siamo stati localizzati da aereo"*. Alla domanda quale fosse la distanza in cui si trovava l'aereo nemico, il *Folgore* trasmise che l'aereo si stava avvicinando ma la distanza non era conosciuta. Dal cacciatorpediniere *Da Recco* fu allora ordinato alle navi del convoglio *"Tenetevi pronti a far nebbia"*. Nei minuti seguenti alle varie richieste del Capo Squadriglia per essere informato sui rilevamenti "Metox" il *Folgore* rispose che l'aereo nemico *"era sempre sopra di noi"*.

▲ La cisterna italiana *Giorgio*, che fu colpita e danneggiata da un siluro sganciato da un velivolo britannico Albacore dell'828° Squadron di base a Malta, nell'aeroporto della Marina di Hal Far.

pruata, e in suo soccorsero restarono le due unità di scorta, il cacciatorpediniere *Lampo* e la torpediniera *Climene*.

Nel frattempo che proseguiva la navigazione del convoglio "Aventino", con il rogo della cisterna *Giorgio* ben visibile di poppa, sul cacciatorpediniere capo scorta *Da Recco* fu decifrato il segnale di scoperta della forza Q, trasmesso da Supermarina alle ore 23,40, cui seguì un altro segnale delle 23.30, in cui gli si ordinava di destinare una torpediniera a dragare di prua al convoglio, che si avvicinava ad una zona fortemente minata, con sbarramenti dalla posizione poco conosciuta.

Il comandante Cocchia vi destinò la torpediniera *Procione* con l'ordine portarsi "*bene di prora*", e nello stesso tempo, per premunirsi da un eventuale attacco navale nemico, chiese a Supermarina di spostare il convoglio di circa 3 miglia verso sud; manovra che il comandante Cocchia ordinò a tutte le navi alle ore 00.05 del 2 dicembre, dopo che erano stati avvistati bengala di prora per presentare la poppa alla cortina luminosa. Ne seguì un'accostata di 90° a un tempo sulla sinistra, per poi riprendere la rotta normale dopo un'altra accostata delle 00.17 sulla dritta.

Ma questa duplice manovra scompaginò completamente la formazione, poiché la motonave *Puccini*, non avendo ricevuto il segnale della seconda deviazione di rotta delle 00.17, investì il piroscafo *Aspromonte*. Il *Puccini* rimase arretrato, e lo stesso accadde all'*Aspromonte*, che era stato costretto ad arrestarsi per alcuni minuti.[21][23] Invece il piroscafo tedesco K.T. 1, che manovrava controllando la scia del *Puccini*, essendo l'unica nave priva di apparato radio a onde ultracorte che permetteva di parlare in fonia, e mancando anche di segnalatore nonostante fosse una nave modernissima, invece di accostare per 150° aveva probabilmente continuato a seguire la rotta 245°, aumentando contemporaneamente la velocità a 12 nodi, la

---

21 Senza che le navi italiane si accorgessero di nulla, alle 21.55 del 1° dicembre il convoglio H fu avvistato dal sommergibile britannico *Seraph*, che assieme al *Sibyl* era stato mandato nella zona in cui si prevedeva sarebbero passati i convogli italiani diretti in Tunisia. Iniziato l'inseguimento in superficie, con le navi italiane che erano illuminate da bengala lanciati dagli aerei britannici, e venuto in superficie alle 00.01 del giorno 2 alle 00.07 il *Seraph* attaccò con due salve di tre siluri di prora una nave mercantile del convoglio H, ritenuta di 5.000 tonnellate, e il comandante, tenente di vascello Norman Limbury Auchinleck Jewell, ebbe l'impressione di averla colpita con un siluro, dopo un minuto e 35 secondi dal "*fuori*". Le navi italiane sentirono due esplosioni subacquee, ritenute causate da bombe, e pochi minuti dopo l'Aspromonte e il Puccini entrarono in collisione.

massima che poteva sviluppare. Questa considerazione ipotetica deriva dal fatto che del *K.T. 1*, in seguito all'attacco della Forza Q, non si seppe più nulla.

Comunque fosse, la duplice disgraziata manovra di cambio rotta decisa dal capitano di vascello Cocchia, portò le navi del convoglio, e in particolare quelle di scorta, nelle condizioni più difficili per fronteggiare l'attacco incombente delle unità britanniche, con le navi italiane che erano in fase di riordinamento della formazione. Il cacciatorpediniere *Folgore* si avvicinò al *Puccini* per indicargli la rotta, la torpediniera *Clio* fu inviata ad assistere l'*Aspromonte*, il cui comandante comunicò di poter proseguire la navigazione. Fu stimato che il *K.T 1* si trovasse ad una distanza di 3 miglia e mezzo a nordovest del cacciatorpediniere *Da Recco*, che era seguito *dall'Aventino* e aveva, sempre di poppa, a una distanza di circa 6.000 metri, un gruppo di navi che si era costituito con *Puccini, Aspromonte, Clio* e *Folgore*. Infine il cacciatorpediniere *Camicia Nera* si trovava a ovest dell'*Aventino* e la torpediniera *Procione*, che stava per mettere in mare i paramine (divergenti) doveva trovarsi a 2-3.000 metri davanti al *Da Recco*.

Queste, come scrisse il comandante Cocchia nella sua relazione, erano con buona approssimazione le posizioni delle navi italiane quando, alle 00.37 del 2 dicembre sotto il Banco Skerki, "*partì la prima salva da bordo di una delle navi inglesi*" (vedi sottostante cartina) che, lo ricordiamolo, erano in una linea di fila, con l'incrociatore *Aurora* in testa, seguito nell'ordine da *Sirius, Argonaut* e dai CT *Quentin* e *Quiberon*.

Poco prima che avesse inizio l'attacco, che fu combattuto con una serie di azioni staccate rese difficili per descrivere esattamente quali furono i reciproci movimenti navali, la stazione radio del cacciatorpediniere *Da Recco* intercettò e poi decifrò un messaggio di scoperta lanciato all'aria da una un'unità britannica con gruppo orario 003202, e compilato come segue: "*Avvistato convoglio 3 miglia per 70° mia posizione lat. 37°41'N, long. 10°51'*". All'avvistamento del nemico, alle 00.40, il *Da Recco* trasmise il segnale di scoperta su onda ultracorta, e per radio principale.

▲ Il CT *Folgore*, la prima unità della scorta del convoglio H ad andare all'attacco subito dopo che le navi della Forza Q, in avvistate, avevano aperto il fuoco.

▼ Cartina dell'Ufficio Storico della Marina Militare. Dall'alto a destra: CM *Camicia Nera*, PC *Puccini*, FG *Folgore*, AS *Aspromonte*, CL *Clio*, AV *Aventino*, DR *Da Recco*, PR *Procione* KT *K.T.1*.

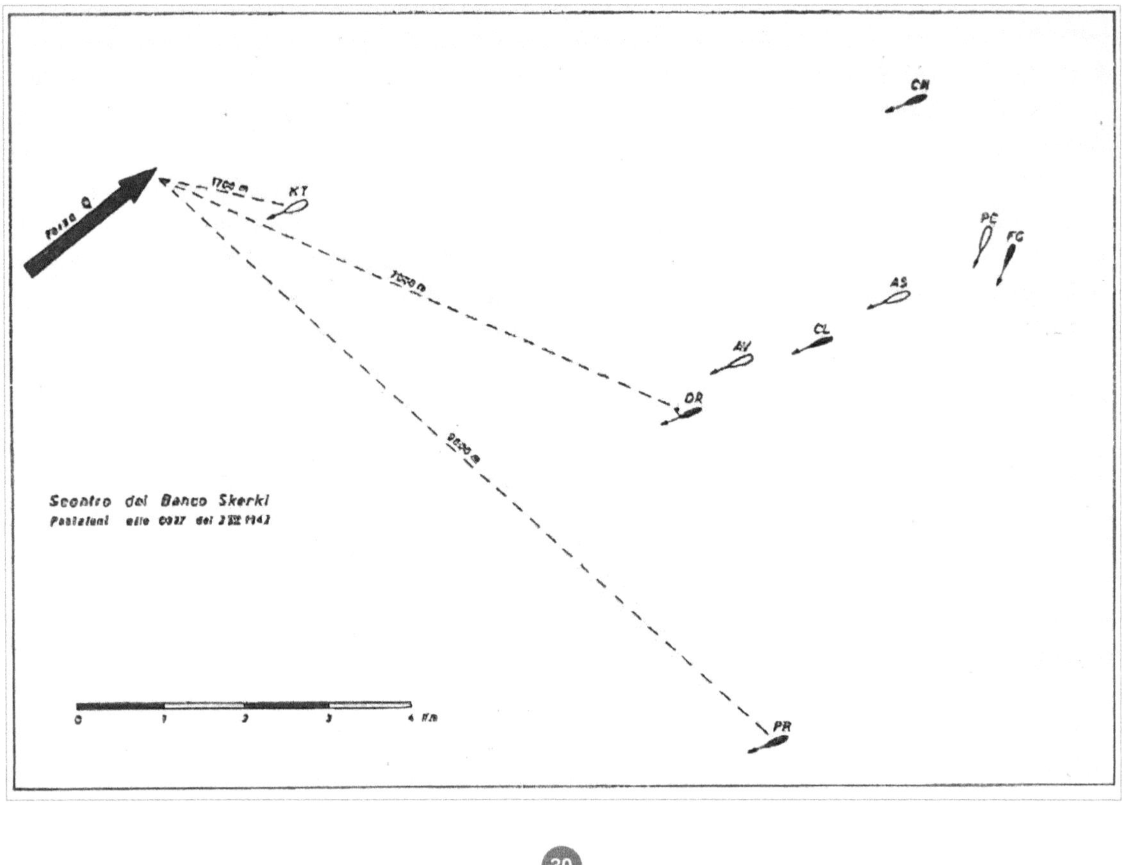

LA FASE INIZIALE DELL'ATTACCO AL CONVOGLIO H

Come abbiamo detto, nello spiegare come si svolse l'avvicinamento della Forza Q al convoglio H, l'incrociatore nave ammiraglia *Aurora* del capitano di vascello Agnew, con a bordo il contrammiraglio Harcourt, alle 00.36 del 2 dicembre aveva avvistato due navi. Dapprima apparve la sagoma di un'unità di piccolo tonnellaggio di prua a sinistra, contro cui furono puntati i cannoni da 152 mm, e poi quella di un'altra piccola unità che fu avvistata poco più lontano. Alle 00.37 la rotta della Forza Q fu variata per portarsi contro la seconda unità, e gli incrociatori *Aurora* e *Sirius*, con i cannoni puntati di prua a dritta, aprirono il fuoco dalla distanza di 1.800 yards (1.700 m) contro il piroscafo K.T. 1, di 850 tsl, che fu colpito dalla prima duplice bordata. A richiesta del contrammiraglio Harcourt al direttore del tiro, furono sparati proiettili illuminanti per una migliore illuminazione del bersaglio. Preso di mira, alle 00.39, anche da una bordata dell'incrociatore *Argonaut* del capitano di vascello Longley-Cook), che poi lanciò un siluro contro il *K.T. 1*, fu visto sbandare e affondare in pochi minuti; e ciò avvenne con la totale perdita degli uomini che si trovavano a bordo, assieme a quattro carri armati, dieci automezzi e 120 tonnellate di materiali vari.

Nel frattempo l'*Argonaut* e il cacciatorpediniere australiano *Quiberon* spararono, al traverso a dritta, contro un'unità leggera rilevata verso sudest, probabilmente la torpediniera *Procione* o il cacciatorpediniere *Da Recco* dal momento che, da entrambe le unità, furono viste cadere salve d'artiglieria molto vicine.

Alle ore 00.38 l'*Aurora*, accostando lentamente a dritta, iniziò a condurre la formazione alla ricerca del convoglio H, e tra le 00.39 e le 01.00, come vedremo, tutte le navi della Forza Q impegnarono vari bersagli.

Sempre alle 00.39, il comandante Cocchia, trasmettendo in fonia su onde ultracorte, aveva ordinato al *Camicia Nera* e al *Procione* "Andate all'attacco", manovra che già aveva cominciato a realizzare con lodevole iniziativa e grande aggressività il capitano di corvetta Ener Bettiga con il cacciatorpediniere *Folgore*. Nello stesso tempo il *Da Recco* trasmise alle navi mercantili del convoglio H di invertire la rotta verso nord, e alle 00.40 provvide poi, com'era suo dovere, a segnalare l'attacco nemico a Supermarina sia su onda ultracorta, sia per radio principale. Nello stesso tempo il *Da Recco* accostava per Rv 290°, quindi per nord-ovest, verso la posizione in cui si trovava il *Camicia Nera*, aumentando gradualmente la velocità, e due minuti dopo "*aprì il fuoco sulla dritta sparando illuminanti dal complesso n. 2 e tiro battente dagli altri complessi*".[22]

Sempre alle 00.40 l'*Aurora* aprì il fuoco con i cannoni da 152 mm contro un cacciatorpediniere rilevato verso nordest alla distanza di 4.000 metri. Secondo l'Ufficio Storico della Marina Militare, non risultava vi fossero navi italiane da quella parte. Fu quindi un abbaglio, a meno che la posizione del cacciatorpediniere fosse differente, poiché dal rappor-

---

22 AUSMM, R.C.T. N. Da Recco, *Relazione sul combattimento della notte del 2 Dicembre 1942-XXI*.

to del contrammiraglio. Harcout vicino al cacciatorpediniere vi era una nave mercantile.[23] Poteva trattarsi della torpediniera *Clio* (tenente di vascello Vito Asaro), che aveva vicino la motonave *Puccini*.

Alla stessa ora l'incrociatore *Sirius* del capitano di vascello Longley-Cook sparò di prua a dritta contro un piroscafo che era proprio la motonave *Puccini*, che la torpediniera *Clio* cercava di nascondere assieme al piroscafo *Aventino*, stendendo cortine di nebbia, per poi sparare due colpi con i cannoni da 100 mm contro una nave nemica che aveva acceso un proiettore, subito dopo spento.

Nel frattempo, alle 00.39 e poi alle 00.43, l'*Argonauta* aprì il fuoco contro un cacciatorpediniere, probabilmente il *Camicia Nera* che, avendo individuate le unità nemiche alla luce delle vampe delle loro artiglierie, e ritenendo trattarsi di due cacciatorpediniere diretti sul convoglio, stava manovrando per l'attacco silurante, e che, inquadrato da diverse salve fu visto dai britannici coprirsi di nebbia allontanandosi. Alle 00.42, anche l'*Aurora*, spostando il tiro del cannoni da 152 mm sulla dritta e sparando alla distanza di 3.800 metri, prese a bersaglio il *Camicia Nera*, scambiandolo però per una grossa nave mercantile, vista colpita e incendiata, e che fu ritenuta essere stata l'*Aspromonte*. Alle 00.43 l'*Aurora*, dalla distanza di circa 4.400 metri, fece fuoco sulla sinistra con i 152 contro il medesimo *Camicia Nera*, che si copriva con nebbia per disimpegnarsi dopo aver effettuato un primo lancio di tre siluri, e poi spostò il tiro sulla dritta contro un'altra unità non identificata, sparando con i pezzi secondari da 102 mm alla distanza di circa 5.500 metri. Da parte dell'Ufficio Storico della Marina Militare si ritenne che l'ultimo obiettivo dell'*Aurora* potesse essere in realtà la torpediniera *Procione* o il cacciatorpediniere *Da Recco*.[24]

▲ Il piroscafo tedesco *K.T. 16*. Allo stesso tipo apparteneva il *K.T. 1* la prima nave del convoglio H ad essere affondata dal tiro dei tre incrociatori della Forza Q.

---

23 HMS *Aurora*, Report, protocollo N. 241/E del 5 dicembre 1942.
24 Per la ricostruzione del combattimento, oltre che la relazione trasmessa all'Ufficio Storico della Marina Militare dalla Sezione Storica dell'Ammiragliato britannico, sono stati utili vari documenti britannici del National Archives, al fondo ADM/199, e il libro dell'ammiraglio di squadra. Giuseppe Fioravanzo, *La difesa del traffico con l'Africa Settentrionale. Dal 1° ottobre 1942 alla caduta della Tunisia*, USMM, Roma, 1964, p. 145-170.

▲ L'incrociatore britannico *Argonaut*, che insieme all'*Aurora* prese di mira con i cannoni da 133 mm il cacciatorpediniere italiano *Camicia Nera*.

▼ La torpediniera *Procione* all'ancora con dietro la gemella *Sirio*.

▲ Il *Camicia Nera* prima della mimetizzazione. Il 30 luglio 1943, con la caduta del fascismo, fu ribattezzato *Artigliere*.

▼ La manovra d'attacco del CT *Folgore*.

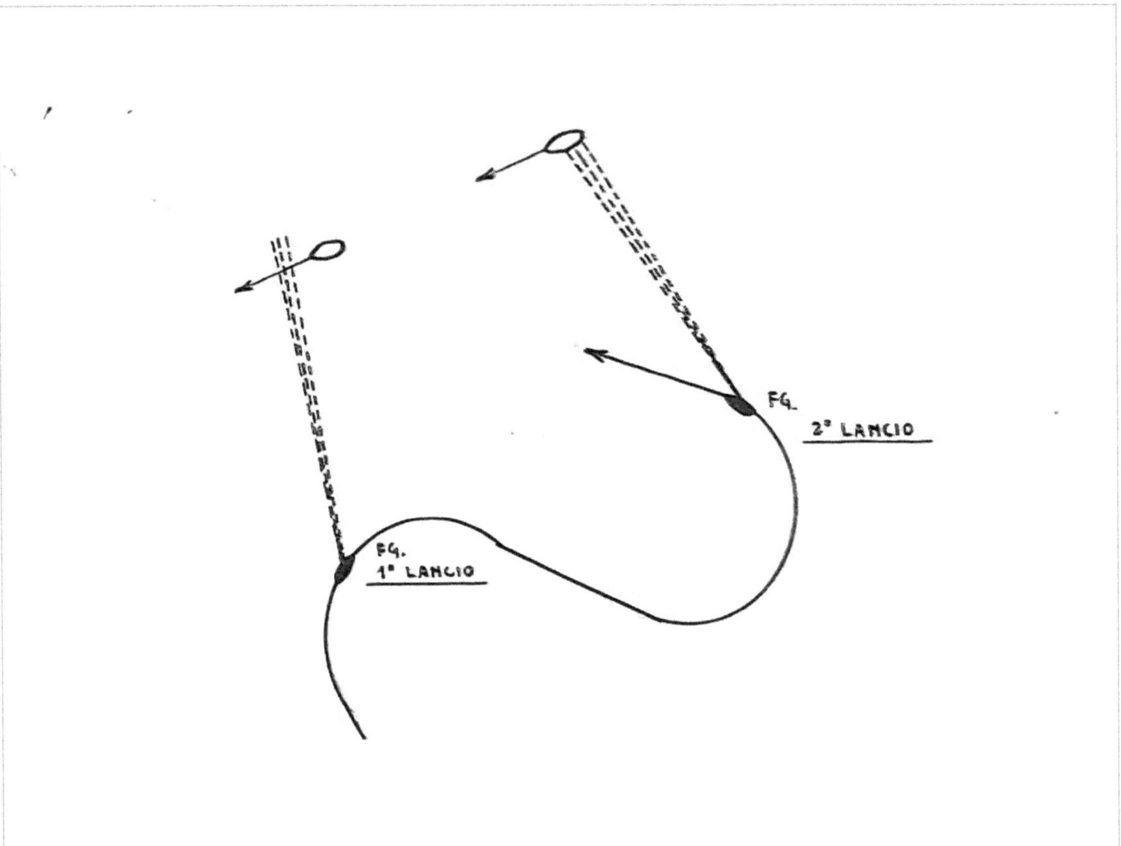

QUALE UNITA' FU ATTACCATA DAL CACCIATORPEDINIERE CAMICIA NERA?

Un'attenta lettura delle relazioni sullo scontro consente finalmente di chiarire l'imbarazzante episodio, finora passato sotto silenzio, di cui fu protagonista il *Camicia Nera* (capitano di fregata Adriano Foscari), il cacciatorpediniere più spostato verso nord. Dopo aver messo subito alla massima velocità per stringere per l'attacco silurante le distanze dai cacciatorpediniere nemici, che risultavano a circa 10° di prora sinistra, facendo nebbia e rallentando la velocità a 21 nodi (per non farsi scoprire con eccessiva onda di prua e per meglio controllare la manovra di lancio di controbordo sulla sinistra), alle 00.43 il *Camicia Nera* fece partire da circa 2000 m una salva di tre siluri sulle unità della Forza Q la quale stava compiendo una lenta accostata sulla dritta. Alcuni membri dell'equipaggio ritennero che almeno un siluro avesse colpito uno dei cacciatorpediniere nemici, ma il comandante Foscari si rese conto che la salva era andata a vuoto.

Il *Camicia Nera* fu inquadrato da numerose salve di 8 colpi ciascuna [probabilmente di uno dei due incrociatori tipo "Dido", armati con dieci cannoni da 133 mm, mentre l'*Aurora* aveva sei cannoni da152. mm)[25] ma riuscì a sottrarsi al tiro nemico accostando sulla dritta e allontanandosi. Appena terminata l'accostata, il comandante Foscari avvistò a circa 800 m una nave con due fumaioli verticali e, credendola un incrociatore del tipo "Perth", immediatamente diresse per l'attacco sfilandole di fianco da poppa a 34 nodi e alle 0034, lanciò sulla dritta i suoi tre residui siluri. Mentre si allontanava, l'equipaggio del *Camicia Nera* vide sulla nave nemica due esplosioni, una minore a poppa e una maggiore al centro, seguita da un grosso incendio e da un grandissimo scoppio, dopo il quale la nave sembrò scomparire. L'azione del *Camicia Nera*, ancora oggi considerata da storici e addetti ai lavori di grande abilità combattiva, fu all'epoca molto apprezzata in ambito militare e sfruttata propagandisticamente da Benito Mussolini che concesse al capitano di fregata Adriano Foscari la Medaglia d'Oro al Valor Militare, anziché quella d'Argento proposta da Supermarina.[26]

In realtà la Forza Q non subì né perdite né danni: le esplosioni e l'affondamento dell'unità 'nemica' furono quindi soltanto una suggestione collettiva dell'equipaggio del *Camicia Nera* e il secondo lancio andò a vuoto come il primo. E poi, era davvero britannica l'unità attaccata? Questa si trovava isolata, mentre dalla relazione britannica risulta che la Forza Q era rimasta sempre riunita in linea di fila. Isolato era invece il cacciatorpediniere italiano *Da Recco*, del capitano di vascello Aldo Cocchia, che stava dirigendo verso Levante con l'intenzione di aggirare la Forza Q e attaccare l'unità di coda; e perciò il *Da Recco* si trovava a Nord del nemico, il quale a sua volta manovrava con rotta sud sulla sinistra del convoglio "Aventino". Il comandante del *Da Recco* aveva avvistato di prora un cacciatorpediniere sconosciuto

---

25 La Relazione definitiva del Camicia Nera, fu trasmesso a Supermarina e ad altri Alti Comandi il 4 dicembre 1942 con n. di protocollo 324/SRP, e dall'oggetto "*Rapporto sull'azione del 2 dicembre 1942-XXI*. In essa è riportato: "*Si intravvedono a circa 10° a sinistra della prora almeno due unità nemiche, apprezzate per grossi CC.TT., in linea di rilevamento con rotta di collusione sul convoglio. Manovrò per eseguire il lancio di controbordo e alle 0043 lancio sulla sinistra tre siluri a distanza stimata di 2000 m. (brandeggio 105°)*.

26 Il Comandante della Squadra Navale, ammiraglio di squadra Angelo Iachino, con lettera del 24 dicembre 1942 per Supermarina, aveva proposto per il comandante Foscari la concessione della Medaglia d'Argento al Valore Militare assieme alla promozione a capitano di vascello per merito di guerra.

e segnalato al responsabile dei tubi di lancio di fare *"attenzione"*, ma il lancio dei siluri non era stato avvertito e pertanto il cacciatorpediniere non effettuò alcuna manovra evasiva[27].

Nonostante la proposta di decorazione e avanzamento per il capitano di fregata Foscari, a Roma avevano subito capito che l'unità attaccata dal *Camicia Nera* era il *Da Recco*: Supermarina lo mette infatti nero su bianco nella Relazione sullo *Scontro nella notte del 2 dicembre 1942 a sud del banco Skerki fra le forze nemiche e convoglio DA RECCO*, spedita il 29 dicembre 1942, con protocollo 35769. all'amm. Angelo Parona, incaricato, come abbiamo visto dell'inchiesta sulla perdita del convoglio H:

*"Il Comandante avvista sulla dritta un incrociatore nemico che apprezza faccia rotta di controbordo al convoglio. (Tale ipotesi devesi scartare date le circostanze e il pericolo di scontro fra le stesse unità nemiche che tale manovra avrebbe potuto costituire. D'altronde il DA RECCO **vede poco dopo le unità nemiche in un'unica linea di fila e di rilevamento**)"*. [il grassetto è dell'autore]

Nel *Rapporto complementare sull'azione del 2 dicembre 1942-XXI*, trasmesso, dopo richiesta di spiegazioni, a Supermarina e all'Ufficio Addestramento di Maristat il 31 dicembre 1942, lo stesso comandante Foscari spiega le ragioni per cui aveva escluso che l'unità attaccata potesse essere il *Da Recco*:

"A un certo momento (0055) il DA RECCO comunicava di avere "aggirato il nemico da ponente e di aprire il fuoco". Questa questione dell'aggiramento non mi risultò chiara e, poiché io ritenevo di essere passato ormai al di la dello schieramento nemico rispetto al convoglio, mi nacque una specie di incubo di trovarmi a intralciare la rotta del DA RECCO che pensavo essermi portato anche lui all'esterno. Poco dopo vidi uno scambio di cannonate e mi buttai a tutta forza da quella parte, senza riuscire a capire di chi si trattasse, tanto più che quello più a ponente che avrebbe dovuto essere, secondo il suddetto segnale, il DA RECCO, faceva fuoco, mi pareva, in modo più nutrito di quanto potesse fare un nostro CT".[28]

Decisiva gli era però apparsa la sagoma dell'unità, che al buio sembrava più imponente di quella di un caccia. Come ulteriore indizio depistante, il comandante Foscari aggiunse che alcuni marinai avevano scorto addirittura un terzo fumaiolo, caratteristico degli "Emerald":

"La sagoma dell'incrociatore, per un senso distintivo di paragone col CAMICIA NERA, appariva imponente: lunghissimo lo scafo, alte le fiancate. Rimasero particolarmente impresse alla generalità degli osservatori, risalendo da poppa a prora, due torri, un fumaiolo verticale con albero avanti a sé, poi un lungo tratto apparentemente sgombro, un altro fumaiolo di dimensioni più cospicue, infine il ponte di comando di non eccessive proporzioni. Qualche osservatore che ha potuto vedere l'unità in una posizione relativamente diversa, avrebbe visto un terzo fumaiolo addossato al ponte di comando".

Il rapporto del comandante Foscari ci informa che, esauriti i siluri, il *Camicia Nera* avvistò di prora altre due unità navali; per disimpegnarsi manovrò verso nord e quindi per

---

27 AUSMM, Comando Gruppo CC.TT. di Squadra, *Azione navale del 2 dicembre 1942*, prot. N. 04261 del 2 marzo 1943, diretto a Supermarina e per conoscenza al Comando della Squadra Navale e a Marina Messina. Anche nella Relazione di Supermarina, *Scontro navale della notte del 2 dicembre"*, si sostiene che il primo attacco del *Camicia Nera* avvenne contro due cacciatorpediniere e il secondo contro un incrociatore tipo "Emerald", specificando che *"il nemico dovette scambiare il CAMICIA NERA per uno dei propri CC.TT. in quanto non aprì il fuoco contro di lui"*.

28 Nella relazione del *Da Recco* circa la presenza nelle vicinanze del *Camicia Nera* è riportato: *"0054 – Il CAMICIA NERA riferisce di aver colpito con un siluro un incrociatore nemico [primo attacco]. 0100 – Si vede un C.T. di prora. Ai tubi di lancio attenzione. 0102 – Si chiede al CAMICIA NERA dove si trova il nemico. Il CAMICIA NERA risponde che si trova sulla sua dritta. 0106 – il CAMICIA NERA informa che il nemico si trova a Sud rispetto a lui e poco dopo informa di aver perduto il contatto."*.

rotte varie senza più incontrare il nemico. Assunta rotta 50° alle 01.14, uscì dall'area del combattimento, rientrandovi alle 03.13 per dare soccorso alle navi del convoglio in fiamme. Alle 03.45 Foscari avvistò e seguì per qualche tempo un gruppo navale che ritenne composto da 4 unità, di cui una più grande e tre più piccole, con rotta ponente.[29] Si trattava certo di navi italiane, perché la Forza Q, in rientro a Bona, si trovava ormai distante e – come notava Supermarina – per trovarsi lì a quell'ora "*avrebbe dovuto navigare a 50 nodi*".[30]

Supermarina infatti non dette alcun credito ai presunti successi del *Camicia Nera*: il rapporto del 9 giugno 1943 sui *Danni inflitti al nemico*[31] esclude pure il parziale successo del primo lancio asserito da alcuni marinai:

"*L'esplosione di un siluro sul CT nemico bersaglio del primo attacco non è stata notata da alcun ufficiale per cui l'avvistamento da parte di alcuni marinai non può essere preso a base di una valutazione, per la facilità con cui in simili circostanze una salva di cannone e la vampa di lancio di siluri può essere scambiata per un'esplosione a bordo della nave nemica. ... Manca qualsiasi elemento obiettivo a conferma*".

Certamente nel dopoguerra si evitò di infierire su un errore che fortunatamente non aveva avuto tragiche conseguenze, tanto che la storia ufficiale, redatta dall'ammiraglio Fioravanzo, liquida l'episodio in sole 11 righe senza indicare quali fossero gli obiettivi dell'attacco né fare commenti:[32]

"*Il CAMICIA NERA (cap. freg. Adriano Foscari), che era il CT più spostato verso nord ... Diresse subito per nordovest, finché alle 0043 lanciò sulla sinistra alla distanza stimata di 2000 m (molto vicina alla reale) tre dei suoi sei siluri, che non colpirono la Forza Q la quale stava compiendo la lenta accostata sulla dritta. Assunta subito la rotta di allontanamento accostando sulla dritta fu inquadrato da numerose salve di otto colpi ciascuna. Appena finita l'accostata, lanciò sulla dritta alle 00.45 gli altri tre siluri che probabilmente non raggiunsero il bersaglio già in allontanamento rispetto alla posizione occupata in quell'istante dal CAMICIA NERA*".

Dal grafico del *Camicia Nera*, allegato alla Relazione del comandante Foscari, si vede chiaramente che alle 00.45[33] del 2 dicembre il cacciatorpediniere attaccò con i siluri un presunto incrociatore, che si trovava sulla sua destra con rotta nord, mentre le unità britanniche della Forza Q, contro cui aveva effettuato il primo attacco, erano tutte in linea di fila sulla sinistra con rotta sud. La nostra ricostruzione dimostra che la nave attaccata era il *Da Recco*.

---

29 AUSMM, Supermarina, *Danni inflitti al nemico*, prot. N. 17480 del 9 giugno 1943.
30 AUSMM, *Scontro della notte del 2 dicembre 1942 a sud del Banco Skerki fra forze navali nemiche a convoglio "Da Recco"*, Allegato al foglio n. 35769 del 29 dicembre 1942-XXI.
31 AUSMM, Supermarina, *Danni inflitti al nemico*, prot. N. 17480 del 9 giugno 1943.
32 Giuseppe Fioravanzo, *La difesa del traffico con l'Africa Settentrionale*, cit., p. 158 seg. Conoscendo l'ammiraglio Fioravanzo dagli anni 60', ed il suo carattere vulcanico, immagino la sua delusione nel dover trattare un argomento che era tutt'altro di un episodio di grande valore militare, da restare inorgogliti.
33 *Francesco Mattesini, 2 dicembre 1942. La distruzione del convoglio "Aventino" e l'imbarazzante errore del Cacciatorpediniere Camicia Nera*, nella pagina dell'Autore in *academia.edu*.

▲ La plancia commando e l'unico fumaiolo del cacciatorpediniere *Folgore*.

▼ La parte prodiera, dalla prora al fumaiolo, del cacciatorpediniere *Folgore*.

L'ANNIENTAMENTO DEL CONVOGLIO "AVENTINO"

Ritornando all'attacco della Forza Q al convoglio H, alle 00.47 l'incrociatore *Sirius*, dalla distanza di 2 miglia, sparò di prua a sinistra contro due unità sottili, probabilmente il cacciatorpediniere *Folgore* e la torpediniera *Clio* (che aveva visto l'*Aspromonte* investito in pieno dal tiro nemico), e poi alle 00.53 effettuò una breve azione di fuoco di prua a dritta contro una piccola unità che, probabilmente era la torpediniera *Procione*.

La torpediniera, che al momento in cui ebbe inizio l'attacco aveva appena ultimato la messa in mare dei divergenti (paramine), nell'aumentare la velocità verso il nemico, alle 00.53 fu subito inquadrata da salve d'artiglieria cadute di prora a dritta e che inizialmente il comandante della *Procione*, capitano di corvetta Renato Torchiana, scambiò per bombe di aereo. Frattanto si dovettero tagliare i cavi dei divergenti, operazione che si prolungo per ben venti minuti, nel corso dei quali la torpediniera, sempre manovrando ad alta velocità, restò sotto attacco. Centrata da tiro battente mentre defilava con rotta nord-est lungo le navi avversarie, la *Procione* fu colpita da due proietti che causarono gravi danni, e mentre la torpediniera andava all'attacco sulla dritta per lanciare i siluri, fu ancora colpita da altri tre proietti e da numerose schegge di granate esplose vicino allo scafo.

Sebbene la torpediniera fosse piena di morti e feriti, e dalle falle l'acqua entrasse copiosa nello scafo, il comandante Torchiana riaccostando proseguì nel suo tentativo per lanciare i siluri. Ma quest'iniziativa fu impedita da un'avaria al timone, causata dai danni riportati dalla sua torpediniera, che lo costrinse, manovrando con le macchine, ad accostare verso sudovest, perdendo il contatto. La *Procione* proseguiva infine la navigazione per Tunisi non essendo più in grado di realizzare alcuna azione offensiva per le menomazioni nello stato di efficienza.

Di poppa a sinistra del convoglio, il cacciatorpediniere *Folgore* del capitano di corvetta Ener Bettiga si era intanto diretto verso i bagliori degli spari e, dopo aver defilato controbordo alla Forza Q, alle 00.44 si era portato a 1.000/1.500 m dall'*Aurora*, in testa alla formazione nemica, lanciando, dal lato sinistro, una prima salva di tre siluri, per poi accostare per disimpegnarsi. Ma avendo avvistato l'incrociatore *Sirius*, che seguiva l'incrociatore *Aurora* e che stava illuminando un piroscafo col proiettore, alle 05.50 il *Folgore*, dopo due accostate,

▲ L'incrociatore britannico *Argonaut*, che affondò il cacciatorpediniere italiano *Folgore*.

a dritta e poi sulla sinistra, lanciò sul *Sirius* una nuova salva di tre siluri, sempre dal lato sinistro, ma ancora una volta senza successo, sebbene l'equipaggio avesse avuto l'impressione di aver fatto due centri.

Alle 00.48 l'incrociatore *Argonauta*, la terza unità nella linea britannica, sparò contro un bersaglio non identificato lontano 5.500 metri, e quattro minuti dopo cominciò a sparare undici salve contro il cacciatorpediniere *Folgore*, che dopo il secondo lancio di siluri aveva assunto una rotta di allontanamento per est-sudest, continuando l'accostata a sinistra e aprendo il fuoco sulle navi nemiche.[34] Le salve da 133 mm dell'*Argonaut*, sparate da breve distanza e particolarmente precise fino alle 00.55, centrarono il *Folgore*. Nove proietti arrivarono a segno sul cacciatorpediniere, provocando incendi e avarie in parti vitali.[35]

Centrato da altri colpi, il *Folgore* continuò a sparare fino all'esaurimento delle munizioni contenute nella riserva dei pezzi, non potendo attingere alle riservette a causa delle avarie. In fiamme, il cacciatorpediniere manovrò ancora per 20 minuti per allontanarsi, con l'intenzione di raggiungere Cagliari, il porto nazionale più vicino; ma nonostante muovesse con le sue macchine a una certa velocità, alle 01.15, a causa di uno sbandamento che per le infiltrazioni d'acqua in aumento all'interno dello scafo aveva raggiunto i 20 gradi, il comandante Bettica, sentito il parere del Direttore di Macchina Mario Valvason, ordinò di arrestare le macchine. Quindi, chiamata la gente in coperta ordinò l'evacuazione, mentre egli restava a bordo. Alle 01.16 il cacciatorpediniere *Folgore* affondò col suo eroico comandante.

Alle 00.55 l'incrociatore *Aurora* segnalò alle altre unità della Forza Q *"che il suo schermo radar dava campo sgombro in direzione sud mentre vi erano ancora echi in direzione nord"*. Quindi l'incrociatore *"accostò a sinistra per localizzarli"*.

Nel frattempo, per due minuti, a iniziare dalle ore 00.55, il cacciatorpediniere *Quiberon*, uscendo brevemente di formazione occupata dietro all'*Argonaut*, sparò dalla distanza di 4.600 metri sulla torpediniera *Clio*, avvistata al traverso a sinistra, e riconosciuta per una unità del tipo "Sirio" che, vista sbucare da una cortina fumogena, fu creduto stesse accostando per lanciare siluri. Fu ritenuto che parecchi proiettili avessero colpito il bersaglio, mentre le colonne d'acqua di alcuni proiettili sparati dall'unità nemica erano visti cadere vicini di poppa e a dritta del *Quiberon*. In realtà la *Clio*, avendo avvistata di poppa un'unità nemica alla distanza di 4.500 metri, accostando a dritta e rispondendo al tiro con i suoi cannoni da 100 mm, riuscì ad allontanarsi senza essere stata colpita, sviluppando una cortina protettiva di nebbia, anche grazie al fatto che l'unità australiana, distratta dalla falso avvistamento di due Mas inesistenti, alle 01.01 accostò d'urgenza a dritta per evitare siluri, che nella relazione britannica è scritto furono visti passare vicino al cacciatorpediniere australiano, sul lato sinistro.[36]

Appare interessante quanto nella relazione del Comandante della Forza Q è riportato sull'azione del cacciatorpediniere *Quentin*, e sulle sue difficoltà di sparare nel mantenere la posizione e per la mancanza di proietti d'artiglieria da 120 mm senza vampa.

---

34 Alle ore 00.48 la torpediniera *Clio*, che si teneva in vista dei piroscafi *Aventino* e *Puccini*, individuata una nave accendere un proiettore, spento dopo pochi secondi, chiese al *Da Recco* se era nemica. Rispose il *Camicia Nera* affermativamente. Allora la *Clio* aprì il fuoco sparando due salve con i due cannoni prodieri dalla distanza di 4.500 metri, Poco dopo vide *"di poppa un'unità che procedeva ad altissima velocità verso sud-est con incendio a bordo sotto il fumaiolo"*. É stato ritenuto che si trattasse del *Folgore*, che però ancora non era stato colpito

35 Nella Relazione italiana portata a conoscenza della Sezione Storica dell'Ammiragliato britannico, è riportato che il *Folgore* fu *"investito dal fuoco nemico sui due lati"*, e ciò dà l'impressione che, manovrando le navi della Forza Q su un'unica fila sulla sinistra, per errato riconoscimento dell'obiettivo, avessero sparato sul cacciatorpediniere dall'altro lato anche unità italiane che si trovavano sulla destra rispetto al nemico.

36 Il rapporto del *Quiberon* contiene la seguente annotazione: *"Numerosi obiettivi furono attaccati durante l'azione ma, data la posizione di coda della formazione, poco rimaneva da fare dopo il passaggio degli incrociatori"*.

▲ Il cacciatorpediniere australiano *Quiberon* che impegnò combattimento con la torpediniera *Clio*.

▼ L'incrociatore *Aurora* ripreso da un aereo mentre naviga con mare grosso.

"Il QUENTIN, dopo che il QUIBERON lasciò la formazione, si avvicinò alla poppa dell'AR-GONAUT.

Esso ebbe difficoltà nel mantenersi in contatto a causa del fumo di cordite proveniente dalla formazione e dalle vampate dei suoi cannoni di prora. In numerose occasioni, durante il cambiamento di rotta, ai cannoni "B" (poco a proravia della plancia) si dovette ordinare di cessare il fuoco. Il rapporto ha fatto rilevare la urgente necessità di munizionamento senza vampa. (Da far rilevare che il munizionamento per i cannoni da 4.7 senza vampa era in corso di distribuzione ma non aveva ancora raggiunto il QUENTIN)".

Tra le 00.57 e le 00.58 prima l'incrociatore *Sirius* e poi il gemello *Argonaut* spararono contro la motonave *Puccini*, distante circa 4.600 metri di prua a sinistra. Alle 00.59 la stessa motonave fu illuminata dall'incrociatore *Aurora*, di prua a sinistra. L'obiettivo apparve alla luce dei proiettili illuminanti dell'*Aurora* come "*un mercantile pitturato chiaro*", che fu colpito con nove salve da 152 mm e incendiato. Occorre dire che, al pari del *Puccini*, anche il cacciatorpediniere *Folgore*, in fiamme, aveva lo stesso colore grigio chiaro, ed è probabile che anch'esso possa aver costituito nell'azione confusa l'obiettivo dell'incrociatore *Aurora* e degli altri due incrociatori della Forza Q, com'è stato propenso a ipotizzare l'Ufficio Storico della Marina Militare.

Alle 01.00 l'*Argonaut*, che aveva sparato otto salve sul piroscafo *Puccini*, lanciò un siluro contro una nave in fiamme, e ritenne di averla colpita sul lato sinistro. Un minuto dopo anche il *Sirius* lanciò un siluro sullo stesso obiettivo, che fu poi visto affondare dopo due minuti. Era certamente il piroscafo *Aventino* (capitano di lungo corso Giovanni Duili – comandante militare capitano di corvetta Pietro Bechis), che inizialmente era stato illuminato da un proiettore e poi, come detto, investito sul lato dritto da violento e preciso tiro dell'*Argonaut*.

Mentre reagiva con le sue mitragliere, l'*Aventino*, che con le sue 3.794 tsl era la nave più grossa del convoglio H, ebbe colpito la plancia di comando, la stazione radio, e la trasmissione di manovra del timone. Inoltre le esplosioni dei proiettili fecero strage tra gli uomini imbarcati. Il piroscafo, che trasportava 956 uomini della Divisione di fanteria Superga, 15 automezzi e 395 tonnellate di materiali vari, cominciò subito a sbandare sulla sinistra e ad appruarsi. Alle 00.50 si verificò un'esplosione violenta, che giustamente fu ritenuta dal comandante Bechis causata da un siluro, non sappiamo se lanciato dall'*Argonaut* o dal *Sirius*; e ciò determinò un ancor più rapido appruamento, e poi l'affondamento che si verificò alle 00.50, causando la perdita di moltissimi soldati stivati nei locali inferiori dell'*Aventino*, ed anche la morte del comandante Duili.

Alle 01.06, il *Quiberon* sparò per quattro minuti sul *Puccini*, e ciò avvenne mentre il cacciatorpediniere australiano attraversava una zona di naufraghi in acqua, quelli del piroscafo *Aspromonte*, che si trovava in condizione di imminente affondamento. Ciò nonostante il *Quiberon*, rientrato in formazione alle ore 01.10, manovrando assieme al *Quentin*, riprese a sparare alle 01.12 sul *Puccini* fermo e in fiamme, sospendendo il tiro solo dopo tre minuti.

La motonave *Puccini* (capitano Marcello Bulli – comandante militare tenente di vascello Mario Vinelli), di 2.422 tsl, che imbarcava 810 uomini e 134 tonnellate di carico vario, mentre tentava di allontanarsi dirigendo verso levante fu investita sul lato dritto dal tiro nemico e colpita nella zona centrale, ove si ebbero esplosioni e incendi. La situazione apparve subito particolarmente critica, e i due comandanti di comune accordo ordinarono al migliaio di uomini che si trovavano a bordo di abbandonare la nave. Molti erano già morti e molti perirono quando, per il sovraccarico, le imbarcazioni di salvataggio calate in

▲ Il piroscafo *Aventino*.

▼ Altra immagine di anteguerra: la nave traghetto delle Ferrovie dello Stato *Aspromonte* in navigazione nello Stretto di Messina.

▲ La torpediniera *Clio* in un'immagine d'anteguerra.

mare si rovesciarono. Tra gli scomparsi vi furono i due comandanti del *Puccini*, che però pur avendo il centro nave devastato e in fiamme resto a galla fino alle ore 15.00 di quello stesso 2 dicembre, quando il cacciatorpediniere *Camicia Nera*, recuperati trenta soldati e un capitano dell'Esercito rimasti a bordo, riuniti a poppa, giudicando la motonave non rimorchiabile, l'affondò con un siluro.

Nel frattempo, alle 00.13 anche l'incrociatore *Aurora* dalla distanza di 7.200 metri aveva concentrato il tiro sulla motonave *Aspromonte*, sul quale fino alle 01.20 spararono anche altre unità della Forza Q. Nel rapporto dell'*Aurora* è riportato che, procedendo "*con rotta 045°, velocità 25 nodi*", l'incrociatore sparò su una nave mercantile, di circa 2.000 tonnellate, rilevata con il radar di prua a sinistra, alla distanza di 7.800 yard (7.132 metri).

▲ Il cacciatorpediniere britannico *Quentin*. L'immagine è del 1942.
▼ L'incrociatore *Sirius*, che assieme ai cacciatorpediniere *Quiberon* e *Quentin*, sottoposero a tiro violento d'artiglieria il cacciatorpediniere *Da Recco*.

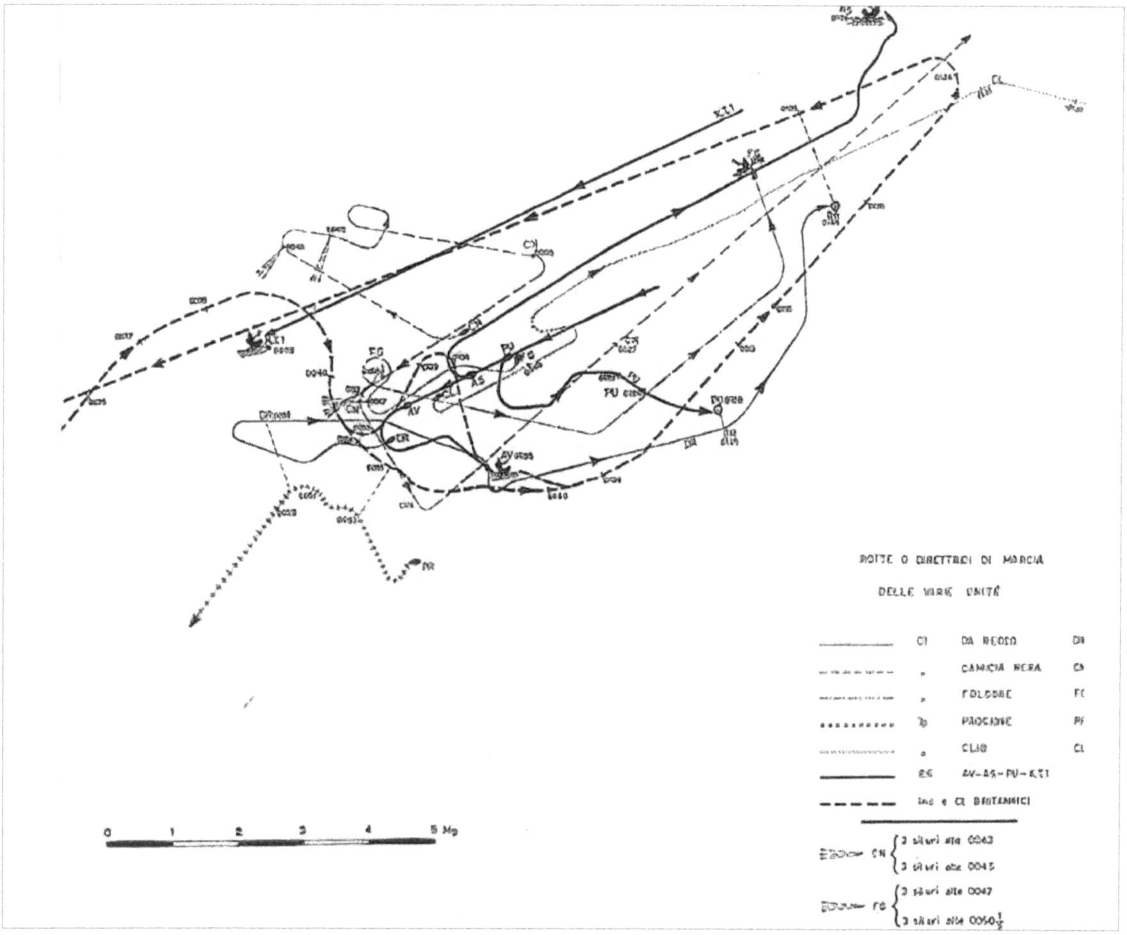

▲ Manovra di aggiramento e distruzione del convoglio H da parte della Forza Q (rotta tratteggiata incrociatori e cacciatorpediniere britannici). Cartina Ufficio Storico della Marina Militare. La manovra d'attacco del cacciatorpediniere *Camicia Nera* non è esatta, come confusi sono i movimenti di tutte le navi italiane.

▼Il cacciatorpediniere *Nicoloso da Recco* che, dopo essere stato con siluri attaccato, per errore di riconoscimento, dal cacciatorpediniere *Camicia Nera*, fu preso di mira dalle artiglierie delle unità britanniche della Forza Q, che lo colpirono con tre proietti danneggiandolo seriamente.

Furono riconosciute le caratteristiche della nave traghetto per l'attrezzatura di sbarco per carri armati, e fu notato che aveva molti alberi da carico e due cannoni di medio calibro a poppa. La stessa nave fu poi attaccata da altre unità britanniche tra le 00.13 e le 01.20.

L'*Aspromonte* (tenente di vascello Gaetano Zolese), di 976 tsl, era una nave traghetto dello Stretto di Messina che era stata militarizzata ed armata con personale militare. Dopo essere entrata in collisione con la motonave *Puccini* ed essersi fermata, aveva rimesso in moto ed invertendo la rotta, come dall'ordine ricevuto all'inizio del combattimento dal comandante della scorta, si allontano verso ovest nordovest alla massima velocità di 16 nodi. L'*Aspromonte* mantenne la rotta indisturbata fino alle 01.10, quando furono avvistati due siluri che schivo con la manovra. Non risulta che a quell'ora le unità britanniche avessero lanciato i siluri, che il comandante Zolese ritenne provenissero da aerosiluranti, assolutamente inesistenti. Trascorsero una diecina di minuti tranquilli poi, a iniziare dalle 01.20 e fino alle 01.30, la motonave fu presa sotto il tiro nelle unità nemiche, evitando di rimanere colpita dalle prime sette salve con la manovra. Ma poi, i proietti d'artiglieria cominciarono a colpire, a iniziare dal ponte di comando uccidendo o ferendo gravemente tutti gli uomini che vi si trovavano. Il comandante, che aveva riportato una ferita di striscio al dorso, si mise personalmente alla ruota del timone, e continuò a manovrare la nave con navigazione a zig-zag, fino quando il timone fu colpito e immobilizzato. Il tentavo di manovrare con le macchine non ebbe successo, poiché alle 01.29 si verificò sull'*Aspromonte* una fortissima esplosione che ne provocò l'affondamento, con la nave che scomparve di poppa. Con essa andò perduto il carico che comprendeva dodici cannoni da 88 mm, due autocarri e quarantanove tonnellate di materiali vari.

Intanto, alle 00.21 gli incrociatori della Forza Q, che avevano riportato la velocità a 27 nodi e preso di mira la torpediniera *Clio*, scambiata per il cacciatorpediniere *Folgore*, e i britannici ritennero, erroneamente, di averla colpita e vista saltare in aria, mentre in realtà i colpi delle unità britanniche, prima con salve corte poi centrate, caddero lungo i fianchi dell'unità investendola con schegge che non ne menomarono l'efficienza. La *Clio*, che non vedeva le navi nemiche a causa del suo fumo, sospese la cortina e rispose al fuoco dalla distanza di 4.500 metri, e lo sospese, dopo quattro salve con i due pezzi poppieri, quando l'unità avversaria, che era l'incrociatore *Argonaut*, su cui la torpediniera italiana sparava, cesso a sua volta di sparare anche con i proietti illuminanti.

Il comandante dell'incrociatore *Argonaut*, capitano di vascello Langley-Cook, si espresse in modo lodevole sul comportamento della *Clio*, che erroneamente ritenne il cacciatorpediniere *Folgore*, scrivendo nella sua relazione:

"*Preminentemente valorosa fu la condotta dell'ultimo CT per sopravvivere, il quale dalle 01.20 circa in poi, nonostante fosse sotto il fuoco di tre incrociatori continuava a sparare contro l'ARGONAUT. Questo CT sembra sia stato il FOLGORE, il quale fu l'unico cacciatorpediniere affondato*".

Mentre la Forza Q stava accostando a sinistra per rientrare a Bona, passando a nord delle navi italiane, gli ultimi colpi furono sparati dall'incrociatore *Sirius* contro un presunto cacciatorpediniere apparso alle 01.26 di prua a sinistra, e si conclusero alle 01.35 quando lo stesso *Sirius* con il *Quiberon* e il *Quentin* effettuarono fuoco concentrato sul cacciatorpediniere *Da Recco*, dalla distanza di 3.000 metri.

Il comandante Cocchia, dopo che all'apparire delle prime vampe di artiglieria delle navi britanniche aveva messo la poppa sul nemico e trasmesso all'aria il segnale in unica parola "*Combattimento*", aumentando la velocità del cacciatorpediniere *Da Recco*, ordinò a tutte le unità di andare all'attacco. Contemporaneamente aveva aperto il fuoco illuminante per individuare le unità nemiche. Fu però inquadrato sui due lati da salve d'artiglieria, a cui rispose, dando inizio ad un azione a fuoco che si protrasse per alcuni minuti, per poi accostare verso levante quando si accorse che il nemico gli era passato di poppa. La sua manovra per riagganciare le navi britanniche e riprendere il combattimento, si realizzo quando, dirigendo verso nord-est (rotta 60°), intorno alle 01.30, la Forza Q, già sulla rotta del ritorno, gli apparvero a circa 4.000 metri di distanza tre sagome oscurate che il comandante Cocchia ritenne trattarsi d'incrociatori, intenti a sparare molto intensamente contro una quarta sagoma che a sua volta rispondeva con una certa vivacità al fuoco che era diretto contro di lei.

Le quattro navi erano a breve distanza l'una dall'altro e le codette luminose dei proietti d'artiglieria si vedevano chiaramente dal *Da Recco* piastrellare sul mare da tutte e due le parti; un serrato duello d'artiglieria che fu visto anche dal cacciatorpediniere *Camicia Nera* che si trovava parecchio più a levante dal *Da Recco*, e che segnalò di seguire la stessa rotta. In quelle ore, dalle 01.20 e fino alle 01.30, il tiro delle unità della Forza Q si concentro contro la nave traghetto *Aventino* che, ripetutamente colpita, esplose, ma non risulta che vi stato con essa uno scambio di colpi di artiglieria. Dobbiamo quindi ritenere che si trattasse della torpediniera *Clio* che rispose al fuoco nemico sparando con i due cannoni di poppa quattro salve per poi disimpegnarsi.

Il comandante Cocchia ordinò di mettere la prora sulle tre sagome visibilissime degli incrociatori nemici dando contemporaneamente il pronti al lancio dei siluri, segnando sul "Paneray" l'angolo di mira. Accanto al comandante, avanti al portello centrale aperto della plancia vi era il tenente di vascello Alfredo Zambrini che coadiuvava nella preparazione al lancio. Ma l'ordine tardò a venire perché Cocchia, desideroso che i siluri potessero colpire sicuramente il bersaglio, intendeva avvicinarsi il più possibile all'obbiettivo. A questo punto, secondo la versione fornita da Cocchia, le unità britanniche, che come detto erano il *Sirius*, il *Quiberon* e il *Quentin*, vedendo fiamme che uscivano dal fumaiolo di prora del *Da Recco* per combustione di residui di nafta nell'impianto fumogeno (avvistamento di fiamme non confermato nei rapporti britannici), rischiararono con i proiettili illuminanti il cacciatorpediniere e subito dopo aprirono un tiro micidiale e intenso con i cannoni. Le salve nemiche avvolsero il *Da Recco*, colpendolo con tre proiettili, due nel castello di prora e uno sullo scafo 1 metro sopra la linea di galleggiamento, procurando, per la deflagrazione delle cariche di un deposito delle munizioni, gravi danni che costrinsero il cacciatorpediniere a fermarsi.

Fortunatamente le navi britanniche non arrestarono la loro corsa a occidente per dare al cacciatorpediniere il colpo di grazia e, mentre si allontanavano, lasciarono il *Da Recco* in fiamme (con la parte prodiera interamente arroventata compreso il ponte di comando), pieno di feriti e di ustionati e immobilizzato a 60 miglia per 249° da Marettimo. Dopo aver dato gli ordini necessari per la salvezza della nave, il comandante Cocchia, ustionato al viso e accecato, cedette il comando al suo secondo, capitano di corvetta Pietro Riva, il quale all'alba poté riprendere la navigazione, pur a velocità ridotta, su Trapani, accompagnato dai cacciatorpediniere *Lampo*, *Pigafetta* e *Da Noli* e dalla torpediniera *Partenope* mandati in soccorso.

Secondo la documentazione italiana il piroscafo *K.T. 1* affondò verso le 00.40; l'*Aventino* alle 00.55 circa; il *Puccini*, considerato non rimorchiabile, fu immobilizzato alle 01.08 e poi affondato alle 15.00 dal cacciatorpediniere *Camicia Nera*; il cacciatorpediniere *Folgore* affondò alle 01.16 e l'*Aspromonte* alle 01.29. Furono danneggiati, come detto, pure la torpediniera *Procione* alle 00.53 e il cacciatorpediniere *Da Recco* alle 01.35, mentre restarono indenni il cacciatorpediniere *Camicia Nera* e la torpediniera *Clio*.

▲ ▶ Parte dei danni in coperta sul fianco sinistro del CT *Da Recco*.
▼ Cacciatorpediniere *Da Recco*. Danni 2 dicembre 1942.

IL SALVATAGGIO DEI NAUFRAGHI DEL CONVOGLIO H

Quando Supermarina fu informata dal cacciatorpediniere *Da Recco* che il convoglio H era stato avvistato, poco dopo le ore 20.00 del 1° dicembre, e pedinato da aerei da ricognizione britannici, ritenendo che vi sarebbero stati attacchi dal nemico, per precauzione aveva ordinato alla nave ospedale *Capri*, salpata da Trapani alle 13.40, di seguire il convoglio, e ad un rimorchiatore di tenersi pronto a Marettimo. Contemporaneamente l'organo operativo dell'Alto Comando Navale, aveva disposto la partenza da Palermo della nave ospedale *Laurana*, che lasciò il porto siciliano alle 22.30, in ritardo per un annebbiamento del porto stesso durante un allarme aereo, anche perché per muovere dovette attendere il diradamento della nebbia.

Ricevuto dal *Da Recco*, alle 01.15 del 2 dicembre, il messaggio *"piroscafi in fiamme"*, Supermarina ordinò l'immediata partenza da Trapani dei cacciatorpediniere *Antonio Pigafetta* e *Antonio Da Noli* per recarsi nella zona dello scontro navale. I due cacciatorpediniere lasciarono il porto alle 06.00, per portarsi nella la zona del disastro notturno, e una volta raggiunte le acque del Banco Skerki parteciparono alle ricerche dei naufraghi assieme ai cacciatorpediniere *Camicia Nera* e *Lampo*, alle torpediniere *Partenope* e *Perseo*, alla motosilurante della 3ª Squadriglia *Ms 32*, che con la *Ms 31* (capitano di corvetta Ugi de Grenet) si trovava presso l'isola Galite, e ai *Mas 563* e *576*.

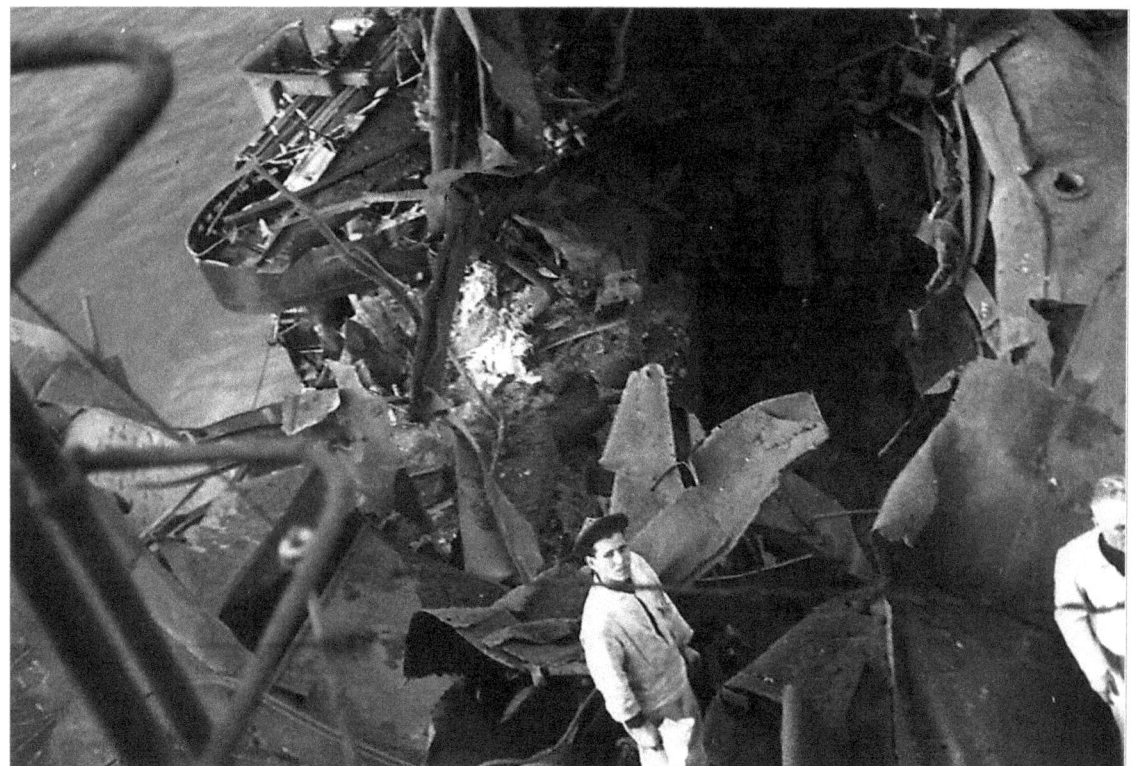

▲ Altra immagine dei danni riportati dal cacciatorpediniere *Da Recco*.

▼ Il *Da Recco* devastato dalle fiamme riceve il soccorso di due cacciatorpediniere.

▲ Parte dei danni in coperta subiti dal Cacciatorpediniere *Da Recco*.
▼ Cacciatorpediniere *Da Recco*. Danni del 2 dicembre 1942.

▲ Il cacciatorpediniere *Antonio Da Noli*, che insieme al gemello *Antonio Pigafetta* uscirono da Trapani per portarsi nella zona dello scontro navale per soccorrere i naufraghi delle navi affondate del convoglio H.

▼ Il cacciatorpediniere *Antonio Pigafetta*. Sotto: Le condizioni della motonave *Puccini* il mattino del 2 dicembre 1942.

▲ Il cacciatorpediniere *Lampo*, che faceva parte del convoglio G e che diresse in soccorso al distrutto convoglio H. Sopra, il *Lampo a La Spezia nel 1936*. Sotto, mimetizzato, nell'inverno 1942-1943.

▼ La nave ospedale (o nave soccorso) *Capri* quando ancora era una nave trasporto pe impiego civile.

▲ Il Cacciatorpediniere *Da Recco*, ancora operativo a Taranto nel 1951.
▼ Cacciatorpediniere *Da Recco*. Danni del 2 dicembre 1942.

Il *Lampo* (capitano di corvetta Antonio Cazzaniti), in seguito al segnale di urgente soccorso da parte del *Da Noli*, aveva lasciato la scorta alla danneggiata motocisterna *Giorgio*, del convoglio G, che come sappiamo era stata silurata a prua a dritta da un aereo Albacore alle 21.57 del 1 dicembre, Dopo di che a proteggere la *Giorgio* restarono, assieme a due Mas, la torpediniera *Climene* (tenente di vascello Mario Colussi), e la torpediniera *Clio*, che alle 06.15 aveva incontrato la petroliera dopo essersi allontanata dalle navi in fiamme del convoglio H. La *Climene* che trainava la cisterna in lenta e faticosa navigazione verso Trapani, fu poi sostituita dal rimorchiatore *Liguria* proveniente da Taranto, che porto la *Giorgio*, non in grado di raggiungere Trapani, ad incagliare a Punta Troia di Marettimo, salvando la nave e il suo prezioso carico. La cisterna fu successivamente disincagliata e condotta a Palermo.

Oltre a provvedere per il soccorso, ad iniziare dall'alba era entrata in azione la ricognizione aerea italiana e tedesca, il cui scopo era di perlustrare la zona in cui si trovavano i naufraghi delle navi affondate, e per evitare sorprese, dal ritorno di unità navali nemiche, durante l'opera di salvataggio, e di recupero delle unità danneggiate, il *Da Recco* e la torpediniera *Procione*.

Primo a soccorrere il *Da Recco* fu il *Camicia Nera*, che uscito con rotta NE dall'area di combattimento, alle 03.15 aveva invertito la rotta per dare assistenza ai naufraghi, avvertendone Supermarina. Poco dopo l'alba, avendo avvistato del fumo bianco e guidato da un aereo da ricognizione, raggiunse la zona in cui si trovavano i superstiti del piroscafo *Aspromonte*, su imbarcazioni di salvataggio e zattere. Mentre si dedicava ad imbarcare quegli uomini sopraggiunse il, *Lampo* al quale il comandante del *Camicia Nera*, capitano di fregata Adriano Foscari, ordinò di portarsi presso il *Da Noli* e riferire. Terminato il recupero dei naufraghi dell'*Aspromonte* il *Camicia Nera* si recò presso la motonave *Puccini*, prese a bordo i trentuno uomini che vi si trovavano e altri naufraghi in mare nelle vicinanze. Complessivamente il *Camicia Nera* poté salvare centocinquantotto persone, quattro delle quali decedettero a bordo del cacciatorpediniere.

Successivamente, con l'arrivo del *Pigafetta* (capitano di vascello Rodolfo Del Minio) e del *Da Noli* (capitano di fregata Pio Valdambrini), e considerando il *Lampo* e il *Camicia Nera* si trovarono riuniti intorno al danneggiato *Da Recco* quattro cacciatorpediniere. Il *Camicia Nera* cedette il comando delle operazioni di salvataggio al *Pigafetta*, il quale subito si incarico di prendere a rimorchio di poppa il *Da Recco*, e dispose che il *Lampo* ne prendesse a bordo i feriti, che furono poi tutti riuniti sul *Da Noli* sul quale si trovava il medico della 15ª Flottiglia Cacciatorpediniere, a cui apparteneva come nave comando lo stesso *Pigafetta*. Successivamente il *Da Noli* ricevette l'ordine di trasbordare i feriti sulla sopraggiunta nave ospedale *Capri* (sottotenente di vascello Oscar Sacchi).

Alle 09.50 il rimorchio al *Da Recco* era pronto, e il *Pigafetta*, cominciando a tirare, diresse per Trapani dove arrivò alle 18.00, scortato dal *Lampo*, che aveva l'ecogoniometro in funzione per ricerca di eventuali sommergibili, e dai due Mas *563* e *576*. Nel frattempo erano arrivate nella zona dello scontro anche le torpediniere *Partenope* (capitano di corvetta Gustavo Lovatelli) e *Perseo* (tenente di vascello Severio Marotta), che come sappiamo fin dalla notte del 1° dicembre si trovavano in mare per un rastrello antisommergibile sulla rotta Trapani Biserta. Lovatelli, comandante della sezione, avendo individuato in lontananza bagliori di un combattimento, e intercettato un messaggio con cui il *Da Recco* comunicava di trovarsi in difficoltà, aveva avvertito Marina Trapani di aver sospeso il rastrello per recarsi in soccorso del cacciatorpediniere, nella cui zona, in ricerche che protrassero dalle 09.10 fino alle 14.00 del 2 dicembre, recuperarono numerosi naufraghi. La *Partenope* salvò 10 naufraghi del piroscafo *Aventino* e altre 112, dei quali 100 del cacciatorpediniere *Folgore*; la *Perseo* recuperò 150 superstiti dell'*Aventino*, che trasbordò sulla nave ospedale *Capri*. Altri 10 uomini dell'*Aventino* furono rintracciati dal cacciatorpediniere *Da Noli* e alcuni altri dalla motosilurante *Ms 32*.

Ricevuto dal *Da Noli* l'ordine di continuare le ricerche fino al mattino dell'indomani, la *Capri*, con l'assistenza di velivoli da ricognizione, ebbe modo di salvare durante la giornata del 2 dicembre altri 133 uomini, tutti appartenenti all'*Aventino* e alla motonave Puccini, ma avendo necessità di far arrivare a Trapani i 14 feriti più gravi, chiese alla *Ms 32* di accostare alla nave ospedale, prendere a bordo gli uomini e raggiungere il porto alla massima velocità. Quindi, carica di naufraghi trasbordati dal *Da Noli* e dal *Perseo* la *Capri* entrò a Trapani nelle prime ore del mattino del 3, avendo esaurito la sua missione. In precedenza avevano raggiunto quel porto tutte le altre navi che avevano partecipato all'opera di salvataggio.

Le perdite umane delle navi del convoglio "Aventino", tra i nove piroscafi e unità di scorta, furono particolarmente gravi. Su un totale di 3.300 persone imbarcate ne andarono perdute ben 2.200. In termini di vite umane il disastro fu ancora maggiore di quello che si era determinato nel tragico disastro del convoglio "Duisburg" del 9 novembre 1941, nel Mare Ionio a sud della Calabria.[37] Tra i 220 caduti le unità militari ne persero 286, come di seguito ripartiti: *Da Recco* 118; *Folgore* 124; *Procione* 3; *Aspromonte* 41, ossia andarono perduti oltre un terzo degli uomini di dette unità.

Con la motivazione per il valore e il comportamento dimostrati furono decorati con Medaglia d'Oro al Valor Militare il capitano di vascello Cocchia del *Da Recco* e il capitano di fregata Foscari del *Camicia Nera*. e, alla Memoria, il capitano di corvetta Ener Bettica dell'affondato cacciatorpediniere *Freccia* e il tenente di vascello Alfredo Zambrini del cacciatorpediniere *Da Recco*.

---

[37] Francesco Mattesini, *Il disastro del convoglio Duisburg. Parte prima, L'invio a Malta della Forza K e la pianificazione del convoglio Beta da parte dei Comandi italiani. Parte seconda, Lo scontro notturno.* In Bollettino d'Archivio della Marina Militare, settembre e dicembre 1996. Vedi anche: Francesco Mattesini, *La tragedia del convoglio "Duisburg" 9 novembre 1941*, RiStampa Edizioni, Santa Ruffina di Cittaducale (RI), 2023.

LE CONSIDERAZIONI BRITANNICHE

Nessun danno, neppure di una scheggia, fu riportato dalle unità britanniche, che ancora una volta, con radar o senza radar, si dimostrarono maestre nella tattica del combattimento notturno, sia con il cannone e sia con il siluro. Compiaciuto, forse in modo anche cinico, per l'annientamento del convoglio H, dalle navi della Forza Q, il capitano di vascello Henry Taprell (Traffaill) Dorling, all'epoca degli avvenimenti una specie di Capo Ufficio Stampa del Comando della Mediterranean Fleet, ha scritto nel suo libro *Mediterraneo Occidentale 1942 – 1945*, tradotto dall'Ufficio Storico della Marina Militare:

"Per il nemico fu un disastro; impegnato improvvisamente a distanza ravvicinata, subì la perdita di quattro navi mercantili e tre cacciatorpediniere tutti affondati o incendiati. Testimoni oculari raccontarono dell'effetto distruttore del fuoco a distanza serrata, di navi che saltavano in aria e bruciavano tra nubi di fumo e di vapore, di autocarri trasportati sul ponte dalle navi che rotolavano in mare mentre le navi si capovolgevano; di uomini terrorizzati che si gettavano fuori bordo mentre le navi affondavano. É impossibile dire quanti uomini abbia perso il nemico, o il numero degli autocarri e la quantità di benzina e di provviste che in questa occasione non riuscirono a giungere in Tunisia. Nessuna nave si salvò. Alcuni sommergibili che si trovavano nella zona al mattino successivo riferirono che larghi tratti di mare erano coperti da un denso strato di nafta, di masse di relitti galleggianti e di un gran numero di cadaveri galleggianti con i salvagente addosso. ... Segnalò l'Ammiraglio Harcourt dopo l'azione "Credo che abbiamo dato un buon aiuto alla Prima Armata".

Il contrammiraglio Harcourt si riferiva all'Armata britannica del generale K.A.N. Anderson che combatteva in Tunisia. Le stesse identiche parole scritte da Traffaill si trovano alle p. 377 - 378 del libro dell'ammiraglio Andrew Browne Cunningham *L'odissea di un marinaio*, tradotto da Aldo Fraccaroli per l'Editore Mondadori.

▲ I cacciatorpediniere *Freccia, Dardo e Strale* ancorati nel porto di Genova nel 1938.

UNA LEZIONE DI STRATEGIA

Come ho scritto nel mio libro per l'Ufficio Storico della Marina Militare *L'Operazione Gaudo e lo scontro notturno di Capo Matapan*, generando all'epoca (1998) grandissima incredulità e sorpresa, nella Marina britannica, al pari di quella italiana, esisteva l'obbligo, soprattutto nelle notti di scarsa visibilità, di far seguire le divisioni degli incrociatori dai cacciatorpediniere della scorta. La Forza Q partì da Bona nella descritta formazione, *Orion*, *Sirius*, *Argonaut*, *Quentin*, *Quiberon*, attaccò il convoglio "Aventino" e rientrò a Bona, per poi partire nel pomeriggio per Algeri, sempre procedendo con gli incrociatori in testa e i cacciatorpediniere che seguivano, mantenendo l'allineamento, per quanto possibile, anche durante lo scontro notturno.

Ricordo che per anni si è sempre detto che il disastro di Matapan del 28 marzo 1941 era da addebitare al povero viceammiraglio Carlo Cattaneo, Comandante la 1ª Divisione Navale, perché aveva mantenuto i cacciatorpediniere dietro gli incrociatori, privandosi di uno schermo protettivo avanzato. Nessuno, tra gli ammiragli e comandanti di unità, che conoscevano le norme di squadra, lo difese. Anzi, il più polemico fu l'ex Comandante della Squadra Navale, ammiraglio Angelo Iachino, il vero responsabile del disastro di Matapan che scaricò su Cattaneo gran parte della propria responsabilità.

Cattaneo, agendo d'iniziativa, avrebbe potuto mandare in testa i cacciatorpediniere, ma non lo fece per adeguarsi a quelle che erano allora le *"Norme di Squadra"*, da me rintracciate, e riportate nel libro *L'operazione Gaudo e lo scontro notturno di Capo Matapan*, edito nel 1998 dall'Ufficio Storico della Marina Militare Poi, dopo la funesta esperienza di Matapan, i vertici della Regia Marina cambiarono le disposizioni di navigazione notturna e delle norme di combattimento, coi cacciatorpediniere disposti di volta in volta, e secondo la situazione, sul davanti e sui fianchi degli incrociatori. Invece nella Royal Navy, continuando a ritenere che nelle azioni di mischia dovessero essere gli incrociatori a mantenere la testa della formazione, per avere maggiore possibilità di individuare gli obiettivi e per non essere intralciati durante il tiro dai propri cacciatorpediniere che manovrando di prora potevano essere scambiati per unità nemiche, le norme di navigazione notturna furono mantenute dalla Royal Navy, con grande profitto.

Ricordo che anche nella distruzione del convoglio "Beta" ("Duisburg"), la notte del 9 novembre 1941 a sud della Calabria, la nave comando della Forza K, l'incrociatore *Aurora* del capitano di vascello Agnew, si mantenne in testa alla linea d'attacco durante la navigazione di partenza da Malta e di ritorno, e sia nel corso del combattimento.

IL CONTRATTACCO DELLA LUFTWAFFE E DELLA REGIA AERONAUTICA

Non appena si verificò l'attacco al convoglio H e fu dato l'allarme, l'OBS e Superaereo ordinarono al Comando del II Fliegerkorps, a Taormina, e al Comando dell'Aeronautica Sardegna, a Cagliari, di intervenire immediatamente con le unità disponibili allo scopo di attaccare le navi britanniche che stavano rientrando alla base. Fu subito attuato l'ordine mandando in volo le formazioni da combattimento. Pertanto, nelle prime ore del mattino, ossia alle 03.15, decollarono dagli aeroporti della Sardegna sedici aerosiluranti del 26° Stormo (colonnello pilota Karl Stockmann), dei quali dodici He. 111 del Gruppo I./KG.26 e quattro Ju. 88 del Gruppo III./KG.26, rispettivamente comandati dai maggiori pilota Werner Klümper e Horst Kayser.

Gli aerosiluranti furono seguiti poco, con decollo dalla Sicilia che si realizzo tra le 04.37 e le 04.47, da tredici bombardieri Ju. 88 del 54° Stormo (tenente colonnello pilota Walter Marienfeld) ripartiti in tre formazioni di tre, quattro e sei velivoli, rispettivamente dei gruppi I./KG.54, II./KG.54 e III./KG.54. I primi ad avvistare le navi di un convoglio britannico, furono gli aerosiluranti del KG.26, ma soltanto alcuni di essi, a causa del tempo cattivo incontrato lungo la rotta, effettuarono l'attacco.

Nel bollettino dell'OBS n. 371 del 4 dicembre si legge: "*affondata una nave scorta probabilmente inglese "PC 74" ed attaccato un incrociatore con effetto non osservato causa nebbia: maggior parte velivoli convoglio non trovato causa maltempo*".

Da quanto sopra si deduce che difficilmente la presunta nave scorta "PC 74", fosse il cacciatorpediniere *Quentin*, il cui affondamento (prima delle mie ricerche negli anni '70) era stato accreditato agli aerosiluranti italiani o tedeschi. Invece, in quel momento la Forza Q si trovava distante dal convoglio, dal momento che essa si spostava dal Canale di Sicilia con rotta ovest a sud dell'Isola Galite.

Alle ore 06.36 il *Quentin* (capitano di corvetta Allen Herbert Percy Noble) fu attaccato da tre velivoli Ju. 88 del I./KG.54 (tenente colonnello pilota Helmut von Raven), e gli equipaggi tedeschi, come è riportato nel Bollettino dell'OBS n. 370 del 3 dicembre 1942, riferirono che una bomba da 500 chilogrammi aveva colpito il fianco di un cacciatorpediniere arrestandolo. L'azione degli Ju. 88 avvenne a bassa quota alle 06.40 (ora riportata nella relazione dell'OBS) in lat. 37°27'N, long. 08°35'E, corrispondente a 36 miglia a nord di Tabarka, presso il confine della Tunisia con l'Algeria. Essendosi l'attacco sviluppato nell'incerta luce che precedeva l'alba, resa ancora più fosca dal tempo cattivo, la bomba che colpì il fianco destro del *Quentin*, a circa 8 piedi (circa 2 metri e mezzo) dalla paratia della sala macchine, dette ai britannici l'impressione che il cacciatorpediniere fosse stato colpito da un siluro, anche perché l'aereo attaccante arrivò di sorpresa e non fu avvistato.

Le condizioni della nave colpita (per un immediato allagamento del locale caldaie e di altri locali nelle vicinanze, la messa fuori uso del sistema di pompaggio, l'asportazione di un

▲ Lo sloop *PC 74* che gli equipaggi degli aerosiluranti tedeschi del I. e III./KG.26 il mattino del 2 dicembre ritennero di aver probabilmente colpito e affondato in convoglio, a nord di Bona.

▲ Una formazione di Ju. 88 della 6ª Squadriglia del 54° Stormo Bombardamento (6./KG.54) del II Fliegerkorps decollati in formazione da un aeroporto dell'Italia nel 1942. Notare la grossa bomba antinave sotto la carlinga del velivolo.

▼ Ufficiali del KG.54 (KampfGeschwader 54) presso un velivolo dello Stormo, il cui emblema era il teschio.

▲ Immagine di un Ju.88 del I./KG.54.

complesso quadruplo dei siluri scaraventati in mare, e il crollo della piattaforma destra della mitragliera Oerlikon), apparvero subito disperate, e l'equipaggio (182 uomini compresi il comandante e 7 ufficiali) fu recuperato dal cacciatorpediniere *Quiberon* (capitano di fregata Hugh Waters Shelley Browning), sotto l'imperversare dell'attacco degli Ju. 88 che procurò a quest'ultima nave alcuni danni, per una bomba caduta vicino allo scafo.

Dopo che era stato colpito ed arrestato il *Quentin*, abbandonato dal *Quiberon* in posizione lat. 37°32'N, long. 08°32'E (corrispondente a 54 miglia per 48° da Cap de Garde), per raggiungere, alla velocità di 33 nodi, gli incrociatori della Forza Q che si stavano allontanando, la successione degli attacchi, sempre riferita ai bollettini operativi giornalieri tedeschi, fu la seguente.

Attaccarono per primi i quattro Ju. 88 del II./KG.54 (maggiore Richard Taubert), i quali sganciarono sul *Quentin* che appariva fermo e con la poppa sott'acqua, e lo colpirono a centro nave sul lato sinistro con un'altra bomba da 500 chili, che ancora una volta i britannici scambiarono per un secondo siluro. Il cacciatorpediniere sembro spezzarsi in due tronconi. Ci fu un esplosione violenta, in seguito alla quale in *Quentin* affondò rapidamente di poppa in circa quindici secondi, venti minuti dopo essere stato abbandonato dal *Quiberon*.

Ciò è riportato da una commissione d'inchiesta (Board of Inquiry) istituita dopo il rientro a Bona della Forza Q, che giudicò severamente l'operato del comandante Browning, del *Quiberon*, per aver abbandonato frettolosamente, e per negligenza, il *Quentin* prima di finirlo con il siluro, poiché importanti documenti della nave, se il cacciatorpediniere fosse rimasto a galla, avrebbero potuto cadere in mano al nemico. Ma occorre considerare, a difesa di Browning, che rimase presso il *Quentin* per una decina di minuti, e che se avesse si-

▲ Il capitano Cimicchi, primo da sinistra, osserva l'elica di un siluro assieme al capitano Buscaglia. L'immagine fu scattata a Rodi nel 1941 quando Cimicchi prestava servizio nella 281ª Squadriglia A.S. e Buscaglia ne era il comandante.

lurato il danneggiato cacciatorpediniere quando ancora si trovavano a bordo uomini dell'equipaggio che cercavano documenti ed effetti personali, vi sarebbero state molte vittime.

Arrivò infine la terza formazione degli Ju. 88, costituita da sei velivoli del III./KG.54 (capitano pilota Hermann Donandt), tre dei quali sganciarono le bombe contro il cacciatorpediniere *Quiberon*, visto fermarsi lasciandosi dietro grosse macchie di olio, mentre gli altri tre Ju 88, non avendo rintracciato la Forza Q, proseguirono per Bona, Tabarca e La Calle per attaccarvi, quale obiettivo secondario, depositi portuali.[38]

Dell'equipaggio del *Quentin* mancarono all'appello venti uomini, ma nove di essi vennero salvati alle ore 12.00 di quel 2 dicembre da un idrovolante tedesco Do. 24 della 3ª Squadriglia Soccorso di base a Siracusa, e furono fatti prigionieri.[39]

---

38 Alle Ore 08.25 del 2 dicembre 1942 l'Ufficio di Collegamento della Regia Aeronautica presso l'O.B.S. telefonò a Superaereo facendo conoscere che un bombardiere tedesco aveva segnalato: "*Ore 06.43 unità nemica rotta e velocità imprecisata in 37°12'N, 08°15'E*". Si trattava evidentemente del cacciatorpediniere *Quiberon* che, abbandonato l'affondante unità sezionaria *Quentin* manovrava per ricongiungersi agli incrociatori della Forza Q, e che a quell'ora fu attaccato e danneggiato dagli Ju. 88 del III./KG.54. Con successiva telefonata delle ore 15.50 l'Ufficio di Collegamento della Regia Aeronautica presso O.B.S. comunicò a Superaereo "*che in 37°07' - 8°45'*" era "*stato visto affondare un cacciatorpediniere - Detto cacciatorpediniere sarebbe stato affondato dal II° C.A.T.*". Naturalmente, non poteva essere che il *Quentin*.

39 Il colonnello La Latta, dell'Ufficio della Regia Aeronautica presso l'O.B.S., in una lettera, sull'attività della 2ª Luftflotte, dall'oggetto "*Azioni contro operazioni nemiche nel Mediterraneo Occidentale durante il giorno 2 e notte sul 3/12/1942*", tra l'altro scrisse: "*35 velivoli impiegati per l'attacco contro formazione nemica di forze navali leggere di ritorno a Bona*

Secondo i rapporti italiani del Comando dell'Aeronautica della Sardegna, trasmessi a Superaereo, alle ore 08.55, ossia quando già il *Quentin* era stato colpito ed affondato da oltre due ore dai bombardieri Ju.88 del I./KG.54 e del II./KG.54, su ordine del Comando Aeronautica della Sardegna decollarono da Elmas, per rintracciare ed attaccare la Forza Q, otto aerosiluranti S. 79 del 130° Gruppo: cinque della 283ª Squadriglia guidati dal maggiore pilota Franco Menley; e tre della 280ª Squadriglia comandati dal Capitano pilota Giuseppe Cimicchi.

Durante la rotta verso la zona dell'Isole Galite l'S.79 del maggiore Melley ebbe disturbi ai motori e dovette rientrare alla base. I restanti sette velivoli, proseguendo la navigazione in unica formazione, nel dirigere verso le navi britanniche alle 09.50 avvistarono un convoglio a nord di Capo Serrat, a est di Tabarca. In quel momento la Forza Q non era più in mare aperto, essendo entrata nel porto di Bona alle 09.43 del 2 dicembre, e nel frattempo non aveva riportato nessun altro attacco aereo, dopo quello che portò all'affondamento del *Quentin*. La Forza Q ripartì nel pomeriggio per trasferirsi ad Algeri, poiché in quei giorni il porto di Bona era sottoposto a pesanti bombardamenti degli aerei tedeschi e italiani, che avevano causato perdite e danneggiamento di navi.

Mentre stavano iniziando la manovra d'attacco, gli aerosiluranti furono intercettati da tre Spitfire della RAF che, essendo di scorta al convoglio, erroneamente scambiarono gli S. 79 per velivoli Breda 88. Attaccarono per primi i tenenti Homblin e Lindsay, del 242° Squadron, e successivamente il tenente colonnello Petrus Hendrik Hugo, comandante del 322° Stormo (Wing) . Il risultato fu lusinghiero per i piloti britannici che riuscirono ad abbattere ben quattro aerosiluranti italiani, uno dei quali dopo aver sganciato il siluro. Si trattava degli S. 79 dei tenenti Manlio Caresio e Ferruccio Loprieno e dei sottotenenti Antonio Vellere e Amorino Ingrosso. L'equipaggio di Ceresio, su cui era deceduto l'aviere scelto marconista Aldo Manca, e avevano riportato ferite lievi altri due avieri, fu recuperato, dopo ben cinquantacinque ore, da un idrovolante tedesco Do. 24 della 3ª Flottiglia Soccorso e portato nell'idroscalo di Stagnone.

I tre restanti S.79, guidati dal capitano Cimicchi, si ritirarono dopo aver sganciato anch'essi i siluri, e gli equipaggi, rientrati alla base, riferirono, con ottimismo, di aver colpito un incrociatore e un piroscafo, e abbattuto uno Spitfire.[40] Da parte britannica, colpito dai mitraglieri dell'S.79 del tenente Caresio, precipitò in fiamme lo Spitfire del tenente Hamblin. L'ufficiale si lanciò con il paracadute finendo in mare ma non fu più trovato.

[Forza Q]. *Causa pessime condizioni meteo soltanto 10 velivoli hanno trovato obiettivi navali, che sono stati attaccati con pessime condizioni di visibilità. É stato affondato un C.T. ed una nave scorta. Non si è potuto osservare il risultato degli altri attacchi contro CC.TT. ed 1 incrociatore leggero. 3 velivoli hanno attaccato come obiettivo secondario Bona, Tabarca e La Calle. Osservati a Bona colpi su depositi con conseguente sviluppo di fumo".*

40 Sull'attacco dei tre aerosiluranti il generale Carlo Unia, autore di Storia degli Aerosiluranti Italiani, ha riportato in modo molto schematico: "*Il Ten. Cimicchi e i due gregari superstiti riescono a lanciare i loro siluri e ritengono di aver colpito un incr. e un piroscafo. Invece nel Diario Storico dell'Aviazione della Sardegna è scritto: "L'azione non é stata portata a termine per l'attacco di apparecchi Spitfire che assalirono la formazione e abbatterono 4 nostri velivoli. Uno Spitfire é stato abbattuto da parte di un nostro apparecchio*".

▲ Il CT britannico *Quentin* che nella rotta di ritorno a Bona, dopo l'attacco al convoglio Aventino, verso l'alba del 2 dicembre fu colpito e affondato dai bombardieri tedeschi del I./KG.54 e del II./KG.54, del II Fliegerkorps, che danneggiarono anche il gemello *Quiberon*.

▼ Il cacciatorpediniere australiano *Quiberon* fotografato nel 1942 in mare da un aereo.

LA SORTE DEL CONVOGLIO C

L'annientamento del convoglio H (Aventino) e il siluramento dell'unica nave mercantile del convoglio G, la cisterna *Giorgio* che dovette essere portata all'incaglio presso Trapani, ebbe un seguito altrettanto tragico nei riguardi di un altro convoglio, il C, partito da Napoli per Tripoli, e che Supermarina aveva ritenuto fosse il meno attaccabile dalla Forza Q, perché era il più distante, seguendo una rotta rasentante le coste occidentali della Sicilia, per poi transitare lungo le coste orientali della Tunisia.

In realtà come abbiamo detto fin dal 29 novembre l'organizzazione crittografica Ultra, decifrando i codici delle macchine cifranti tedesca Enigma e italiana C.38, aveva segnalato all'Ammiragliato britannico, e da questo ritrasmesso a Malta, la notizia che un convoglio per Tripoli con i piroscafi *Chisone* e *Veloce* dovevano *"salpare da Napoli alle 21.00 del giorno 30, essendo stata posticipata di 24 ore la loro partenza, velocità 9 nodi per Tripoli e dovrebbero arrivare alle 20.30 del giorno 3"*. Ciò permise al Comando di Malta di organizzare l'intercettazione aeronavale nel modo migliore.

Avvistato dai ricognitori di Malta fin dalla sera del 1° dicembre tra la Sicilia e Pantelleria, e poi di nuovo nelle acque delle Isole Kerrkennah la sera del giorno 2, fu confermato che il convoglio C era costituito da due mercantili da 5.000 tonnellate, ed era scortato da un presunto incrociatore, un cacciatorpediniere e da una torpediniera.

In realtà il convoglio comprendeva la motonave *Chisone* e il piroscafo *Veloce*, mentre la petroliera *Devoli*, non segnalata dall'organizzazione Ultra, vi era stata inserita fin davanti a Trapani, per poi entrare in quel porto la sera del giorno 1.

Vi erano inizialmente di scorta ai due restanti mercantili le torpediniere *Lupo* (capitano di corvetta Giuseppe Folli), *Aretusa* (capitale di corvetta Roberto Guidotti) e *Sagittario* (tenente di vascello Vittorio Barich), ma quest'ultima in seguito ad una sopraggiunta avaria la sera del 1° dicembre aveva abbandonato il convoglio, nel frattempo raggiunto dalla torpediniera *Ardente* (tenente di vascello Rinaldo Ancillotti).

In seguito all'avvistamento del convoglio C nelle acque di Kerkennah, alle 17.42 decollarono da Malta nove aerei della FAA in due ondate, la prima comprendente due Albacore dell'828° Squadron, guidata da un Albacore ASV dell'821° Squadron che fu seguito da altri sei velivoli aerosiluranti del medesimo reparto. Nel frattempo alle ore 14.00 erano salpati dalla Valletta i cacciatorpediniere della Forza K, ricostituita a Malta con le unità della 14ª Flottiglia *Jervis* (capitano di vascello Albert Lawrence Poland), *Janus*, *Janus* e *Javelin*, facenti parte della Flotta del Mediterraneo (Mediterranean Fleet) dell'ammiraglio Henry Harwood, con sede di Comando ad Alessandria.

Il convoglio C fu avvistato dai velivoli della prima ondata alle ore 19.30 del 2 dicembre, in lat. 34°45' N, long. 11°45' E, e subito attaccato dai tre Albacore dei sottotenenti di vascello pilota Taylor e Simpson, del 828° Squadron, e Graham dell'821°. Fu certamente Taylor a mettere a segno il suo siluro sul piroscafo *Veloce*, di 5.464 tsl, che affondò intorno alle 20.00.

▲ Un S.79 della 283ª Squadriglia Aerosiluranti, pronto al decollo a Elmas (Cagliari), con il siluro fissato sotto l'ala destra.

▼ Un velivolo S.79 della 280ª Squadriglia del 130° Gruppo Aerosiluranti in volo nel Mediterraneo diretto alla ricerca delle navi nemiche.

▲ Una stazione di trasmissione radio tedesca. A sinistra la macchina cifrante Enigma.

▼ Decodificatori dell'organizzazione crittografica Ultra nella loro sede di Bletchley Park, a nord di Londra.

▲ La torpediniera *Aretusa*, una delle unità di scorta al convoglio G, diretto a Tunisi, che non raggiunse a causa del danneggiamento della cisterna Giorgio, silurata da un velivolo navale Albacore dell'828° Squadron di Malta.

▼ L'ammiraglio Henry Harwood, Comandante della Mediterranean Fleet, in visita al porto di Bengasi conquistato dall'Esercito britannico il 20 novembre 1942, e pieno di relitti di navi affondate.

▲ La torpediniera *Ardente* che assieme alla torpediniera *Lupo* scortava il convoglio C.

▼ La torpediniera *Lupo* mentre attraversa il canale dl porto di Taranto.

▲ Malta, aeroporto della Marina britannica di Hal Far. In parcheggio, con il suo siluro, pronto al decollo un velivolo Albacore dell'828° Squadron.

▼ Una sezione di tre aerosiluranti Albacore dell'828° Squadron decollati da Malta per attaccare navi italiane nel Mediterraneo centrale.

▲ Il piroscafo italiano *Chisone*, una delle due navi mercantili del convoglio C diretto a Tripoli, che riuscì a sfuggire all'attacco degli aerosiluranti Albacore.

▼ Il cacciatorpediniere britannico *Jervis* nave comando della 14ª Squadriglia della Mediterranean Fleet, che esercitava il comando della Forza K di Malta. Con altre tre unità attaccò nel Canale di Sicilia il convoglio G affondando la torpediniera *Lupo*.

▲ Il piroscafo italiano Veloce (quando si chiamava *Media*) che, assieme alla torpediniera *Lupo* fu affondato dai cacciatorpediniere britannici della Forza K, salpati da Malta.

▲ Il capitano di vascello Albert Lawrence Poland, Comandante della 14ª Flottiglia Cacciatorpediniere.

Il piroscafo *Chisone*, scortato dalle torpediniere *Aretusa* e *Ardente*, continuò nella sua navigazione per Tripoli, dopo essere sfuggito all'attacco di Graham, poiché Simpson lanciò contro il presunto incrociatore, sostenendo ottimisticamente di averlo colpito e incendiato.

La torpediniera capo scorta *Lupo*, che era rimasta indietro per soccorrere il *Veloce*, mentre era impegnata nel recupero dei naufraghi del piroscafo fu avvistata a mezzanotte dai cacciatorpediniere della Forza K, che procedevano in linea dei fila, e che furono diretti sull'obiettivo dai traccianti del fuoco contraereo verso l'alto delle navi italiane, e dai bagliori di una nave in fiamme, il *Veloce* non ancora affondato.

Utilizzando a loro vantaggio il radar, che le navi italiane di scorta del convoglio C non avevano, i cacciatorpediniere britannici, riducendo la velocità, giunsero silenziosamente fino ad una distanza di 2.000 yards (1.828 metri) dalla *Lupo*, quando il capo flottiglia *Jervis* cominciò a sparare, dopo aver illuminato il bersaglio con il suo proiettore da 40 pollici. La prima salva demolì il ponte della torpediniera, la seconda salva immobilizzò la sala macchine. Quindi, sempre tenendo il faro del suo proiettore sulla *Lupo*, portate le sue navi a semicerchio intorno alla immobilizzata torpediniera, cinicamente il capitano di vascello Poland, prima di riprendere la rotta per Malta, senza preoccuparsi dei naufraghi, dette il via ad un martellamento implacabile sulla piccola unità, e una serie di bordate, sparate da ventiquattro cannoni da 120 mm, la demolirono letteralmente. Nello stesso tempo, sempre con le artiglierie, le unità della Forza K, prima di allontanarsi, impartirono il colpo di grazia al piroscafo *Veloce*.

La torpediniera *Ardente*, che aveva lasciato la scorta al piroscafo *Chisone*, ritornata indietro recuperò i superstiti della *Lupo* (29 uomini) e del *Veloce*, portandoli a Trapani ove arrivò il mattino del 4 dicembre.

Sempre il 2 dicembre, alle ore 18.30 del pomeriggio, il sommergibile britannico *Umbra* (P 35), al comando del tenente di vascello Stephen Lynch Conwway Maydon, aveva attaccato ed affondato con il cannone l'isolato piroscafo italiano *Sacro Cuore*, di 1.097 tsl, a 15 miglia ad est di Mahadia, all'estremità meridionale del golfo di Hammamet. L'equipaggio del piroscafo, che assieme a dieci militari tedeschi dell'aviazione aveva preso posto su un'imbarcazione di salvataggio, fu lasciato libero di raggiungere la costa della Tunisia. Furono invece catturati i dieci tedeschi, imbarcandoli sul sommergibile, e portati a Malta.

▲ Il piroscafo italiano *Sacro Cuore*, quando si chiamava *Gwynwood*. Fu affondato dall'*Umbra* il 2 dicembre 1942.

▲ La torretta del sommergibile *Umbra* (P 35) con gli uomini dell'equipaggio che festeggiano le vittorie conseguite nelle missioni di guerra.

▼ Nell'immagine famosissima del 3 giugno 1941 scattata da un aereo italiano, l'arrivo a Taranto della torpediniera *Lupo* che era stata danneggiata a nord di Creta nello scontro notturno del 21 maggio con le unità britanniche della Forza D della Mediterranean Fleet. Notare l'equipaggio schierato per il saluto e i fori dei proietti che avevano colpito lo scafo della nave.

CONCLUSIONI

Nella lettera di Supermarina, trasmessa il 17 marzo 1943 a Maristat, sulla tattica impiegata dalle forze navali britanniche contro il convoglio "Aventino" erano fatte, dal contrammiraglio Lorenzo Gasparri, le seguenti e più interessanti considerazioni sulla tattica, da imitare, nel corso dei combattimenti navali notturni:[41]

"Da quanto si è potuto rilevare il nemico ha fatto un esteso ma in generale rapido e fugace impiego dei suoi proiettori. Se ne potrebbe dedurre che li ha impiegati solo come mezzo di riconoscimento delle unità che scopriva con i suoi mezzi ottici o elettro-magnetici. Non si è notato infatti che abbia fatto uso di segnali di riconoscimento o di mischia, mentre per il proprio tiro si è valso in genere dell'ausilio dei proiettori illuminanti e dei bengala aerei.

Questo impiego dei proiettori [a finestra] come mezzo di rapido riconoscimento delle unità avvistate in mare, specie in situazioni confuse, sembra meritevole di esame. Il proiettore infatti presenta sui segnali di riconoscimento e di mischia da noi previsti i vantaggi di permettere un più rapido e sicuro riconoscimento e di ostacolare all'Unità avvistata l'impiego delle sue armi, conservando quindi a sé la priorità nell'offesa. Presenta in contrapposto lo svantaggio di essere visibile a grandissima distanza ma in caso di abbondanza di luci e di artifizi che rendono palese in ampia zona il luogo degli incontri stessi.

Una volta di più si è rivelata la superiorità tecnica ed addestrativa nemica negli scontri notturni.

Il tiro nemico è sempre apparso rapido, preciso, concentrato ed ha in brevissimo tempo determinato effetti iniziali alle nostre Unità.

Efficace è sempre stato il suo tiro illuminante. A distanze ravvicinate, il nemico ha fatto uso delle proprie mitragliere con effetti materiali e morali che non debbono essere stati lievi. Contro l'AVENTINO e il PUCCINI sembra anche aver fatto efficace impiego dei siluri.

Non altrettanto efficace appare l'impiego delle nostre armi".

Nella relazione del contrammmiraglio Gasparri, fu messo in primo piano il comportamento *"ammirevole per arditezza e linearità di concezioni"* dei cacciatorpediniere *Camicia Nera* e *Folgore*; soprattutto *"più ammirevole"* quello del *Folgore* che si sacrificò lanciandosi immediatamente all'attacco contro il nemico sebbene l'ordine di operazione gli avesse affidato il compito *"di restare col convoglio proteggendone il rapido allontanamento"*. Altrettanto lodevole si era dimostrata l'iniziativa del *Camicia Nera*, che individuata la posizione delle navi nemiche per i bagliori delle codette luminose dei proiettili che stavano sparando, aveva diretto *"immediatamente all'attacco, senza attendere conferma del Capo-Scorta, emettendo una cortina fumogena per coprire i piroscafi"*. E passando poi al comportamento dei comandanti dei due cacciatorpediniere, capitano di corvetta Erner Bettiga del *Folgore* e capitano di fregata Adriano Foscari del *Camicia Nera*, sebbene non fossero riusciti *"ad evitare la*

---
41 AUSMM, *Azione navale del 2 dicembre*, prot. N. 11961 del 17 marzo 1943.

▲ Il cacciatorpediniere *Camicia Nera* non ancora mimetizzato.
▼ Complessi di mitragliere binata "Scotti" a bordo di una torpediniera italiana nella seconda metà del 1942.

distruzione del convoglio DA RECCO", il contrammiraglio Gasparri aggiunse:

"*Ambedue i Comandanti hanno dimostrato una decisione, uno spirito aggressivo, una prontezza, un'abilità manovriera tattica che possono definirsi ammirevoli. Può essere in parte mancata, per la ben nota deficienza di preparazione e di addestramento delle nostre Unità agli scontri notturni, la perfezione tecnica nell'impiego delle armi, ma il cuore e l'animo sono stati impareggiabili.*[42]

Nell'andare all'attacco contro un nemico più numeroso e più forte, della cui superiorità tecnica e addestrativa nei combattimenti notturni la Marina italiana aveva fatto ripetuta e dolorosa esperienza, le due Unità erano votate al sacrificio ed i loro Comandanti dovevano saperlo. Infatti il FOLGORE trovava nell'azione eroica e gloriosa fine che era prevedibile. Il CAMICIA NERA invece, assistito da un'incredibile fortuna, la fortuna che aiuta gli audaci, non aveva né un colpo, né un ferito".

Nei riguardi del cacciatorpediniere *Da Recco* (ed in particolare del suo comandante capitano di vascello Aldo Cocchia) il contrammiraglio Gasparri non fu altrettanto entusiasta, scrivendo:[43]

"*Era l'Unità Capo Scorta. Il suo comportamento è pure molto lodevole, ma non appare diritto, lineare, senza mende come quello del FOLGORE e del CAMICIA NERA.*

Si può in primo luogo rilevare che il suo Comandante non ha mostrato un eccessivo spirito di iniziativa. Al segnale delle 150801 con il quale il Supermarina ordinava al Gruppo "Maestrale" di rinforzare la scorta del convoglio "Sirio" [convoglio B] "<u>contro eventuale provenienza da Bona dove stamane erano presenti alcuni cc.tt.</u>" *non è stata data importanza. Il Comandante ha anzi pensato che Supermarina giudicasse minacciato in base alle notizie in suo possesso, solo il convoglio più arretrato e che non vi fosse quindi pericolo per lui. La stessa cosa ha pensato nel ricevere poco prima di mezzanotte il segnale di scoperta delle 2344 con il quale Supermarina comunicava l'avvistamento fatto alle 2240 da un aereo del C.A.T.* [Corpo Aereo Tedesco – il II Fliegerkorps] *di 5 unità imprecisate, procedenti ad alta velocità verso levante, e nel constatare che di questo segnale veniva chiesto il ricevuto al MAESTRALE e non al DA RECCO*".

Da quest'ultima fase, senza commento alcuno da parte del contrammiraglio Gasparri, si ricava che Supermarina, nel non informare direttamente il *Da Recco* aveva commesso un imperdonabile errore. Tanto più che la Forza Q si trovava al momento dell'avvistamento aereo a circa 75 miglia dal *Da Recco*, il cui convoglio era quindi il più minacciato dal nemico proveniente da ponente. Invece, non avendo ricevuto direttamente la notizia dell'avvistamento aereo, il comandante Cocchia fu indotto a ritenere che sarebbe stato attaccato il convoglio B, che era il più forte (tre cacciatorpediniere e cinque torpediniere), e conseguente, come scrive il contrammiraglio Gasparri, il capitano di vascello Cocchia, "*dal carattere militarmente duro e ostinato nel seguire rigidamente le proprie consegne*", continuò a dirigere nella rotta (245°) fissata nell'ordine di operazioni, e alle 0001 del 2 dicembre, nell'imminenza dell'attacco nemico, si limitò a chiedere ordini a Supermarina, che non arrivarono in tempo.

---

42 AUSMM, Comando Gruppo CC.TT. di Squadra, *Azione navale del 2 dicembre 1942*, prot. N. 04261/S del 12 marzo 1943.
43 *Ibidem*.

▲ I quattro caccia dell'8a Squadriglia della Marina Militare: Fulmine, Baleno, Lampo e Folgore all'ormeggio a Punta della Salute a Venezia nel 1938.

▼ Altra immagine del CT *Folgore* mentre manovra in mare.

▲ Altra immagine del CT Folgore alla fonda in porto.

▼ Sempre il CT Folgore coi teli stesi ad asciugare (forse Brindisi).

Quando si sviluppò l'attacco nemico, in situazione particolarmente favorevole per lo sparpagliamento del convoglio H in seguito alla leggera collisione tra i piroscafi *Puccini* e *Aventino*, e la dispersione delle navi determinata anche da quelli che furono ritenuti erroneamente attacchi aerei, il comandante Coccia si trovò nelle condizioni di non capire da quale parte stavano le unità britanniche, e fu assorbito per qualche tempo nel dare ordine alle navi di scorta di andare all'attacco e di coprire con nebbia le navi mercantili. Dovendosi giustificare per non aver subito diretto contro il nemico, a imitazione delle manovre del *Folgore* e del *Camicia Nera*, il comandante Cocchia sostenne di aver diretto, in una situazione confusa anche per gli artifizi luminosi che si vedevano in aria, non nella direzione "*presunta*" del nemico, ma nella direzione "*esatta*" delle vampate dei cannoni nemici, con il risultato di non arrivare in questa prima fase del combattimento a contatto con l'avversario, che egli non riuscì ad avvistare nella sua corsa verso ponente.

A questo punto decise di cambiare rotta verso levante, allo scopo di prendere il nemico alle spalle, mentre era ancora impegnato contro i piroscafi, e nel far ciò, mentre si regolava dirigendo sui lontani bagliori di alcuni incendi, segnalò alle altre navi "*Stiamo aggirando il nemico da ponente*". Alle 01.00 avendo visto un cacciatorpediniere di prora a dritta, il comandante Cocchia si preparò a lanciare i siluri, per poi subito rinunciarvi temendo che fosse un'unità nazionale, come in effetti era trattandosi del *Camicia Nera*, che doveva già avere effettuato il suo fallito attacco contro il *Da Recco*. L'idea che a essere avvistata fosse stata la torpediniera *Procione*, come è scritto nella Relazione del contrammiraglio Gasparri, lascia dei legittimi dubbi, poiché a quell'ora la torpediniera, l'unica nave italiana che si trovava a sud della Forza Q, passò di poppa al *Da Recco*, e non di prora, come risulta dalla cartina dell'Ufficio Storico della Marina Militare.

Mentre continuava nella sua corsa alla ricerca del nemico, con una situazione che appariva sempre più incerta, alle 00.33 il comandante Cocchia avvistò le sagome di tre unità navali, che sembrava stessero sparando sul lato opposto, e contro di esse diresse all'attacco. Ma questa iniziativa non riuscì, perché il *Da Recco*, prima di poter impiegare le armi, fu preso sotto il tiro delle unità della Forza Q che lo colpirono gravemente arrestandolo in fiamme. Fortunatamente, avendo già assunto alle 01.26 la rotta per rientrare a Bona, il nemico non si soffermò a dare al cacciatorpediniere il colpo di grazia, e questo permise al *Da Recco* di essere soccorso e sopravvivere.

La manovra del comandante Cocchia per ricercare le navi britanniche verso nord, dopo "*aver mostrato poco spirito d'iniziativa nella fase pretattica e forse poca prontezza nei primi momenti dello scontro*", fu molto apprezzata, e benché la manovra non avesse portato ai risultati sperati, l'ufficiale, che era stato gravemente ferito, secondo il contrammiraglio Gasparri meritò pienamente la medaglia d'Oro al Valor Militare che gli fu conferita sul campo.

Nel dopoguerra l'ammiraglio di squadra Aldo Cocchia è stato Direttore dell'Ufficio Storico della Marina Militare, e tra le sue pubblicazioni sono meritevoli, sotto ogni punto di vista, i due primi volumi su "*La Difesa del traffico con l'Africa Settentrionale*". Tuttavia la compilazione del 3° Volume, che tratta della distruzione del convoglio "Aventino", con tutti gli strascichi che ne erano seguiti, fu affidata all'ammiraglio di squadra Giuseppe Fioravanzo.

▲ Il cacciatorpediniere britannico *Quentin*. Come abbiamo descritto fu affondato il 2 dicembre 1942 dai bombardieri Ju. 88 tedeschi del I. e II./KG.54. Rappresentò l'unica perdita britannica nel corso dell'operazione che portò alla distruzione del convoglio "Aventino".

Nei riguardi del comportamento della torpediniera *Procione*, del capitano di corvetta Renato Torchiana, nelle relazioni non si trovano elementi di rilievo che avessero portato a svolgere un'efficace azione offensiva. Anche perché, pur portandosi alla distanza di 2.000 metri dalle unità nemiche, all'ordine del comandante *"fuori"*, la torpediniera non eseguì il lancio dei siluri *"a causa della recisione dei normali collegamenti elettrici e telefonici*. Un'anomalia che, secondo il contrammiraglio Gasparri, il comandante di una nave bene addestrata avrebbe dovuto superare in qualche modo. La *Procione* fu colpita gravemente, ma nonostante le sue precarie condizioni riuscì a salvarsi.

Anche il comportamento della torpediniera *Clio* non fu esente da critiche, poiché in caso di attacco avrebbe dovuto restare con il convoglio, mentre invece per iniziativa del suo comandante andò alla ricerca del nemico, e quando arrivò l'ordine per ultracorte del *Da Recco* delle 00.38, *"Invertite immediatamente la rotta. Fate nebbia"*, non riuscì più a trovare i piroscafi. Ed anche la sua azione a fuoco con il cacciatorpediniere australiano *Quiberon*, conosciuta nel dopoguerra, e in cui sparò quattro salve dalla distanza di 4.500 metri, fu all'epoca considerata ininfluente per la difesa del convoglio, anzi il contrammiraglio Gasparri la ritenne *"del tutto negativa"*. Ma ciò fu anche giustificato dal fatto che la torpediniera non aveva il proprio comandate, tenente di vascello Ugo Tonani, sbarcato per malattia, e sostituito dal tenente di vascello Vito Asaro, che nelle difficili condizioni in cui si trovò non era preparato a sostenere gli oneri di quel comando.

Infine riguardo ai piroscafi del convoglio, fu rilevata la loro assoluta mancanza di reazione a fuoco col proprio cannone, e che erano stato sparati soltanto alcuni caricatori con le mitragliere contraerea.

Concludendo, la Forza Q poté giungere a contatto del convoglio H con grande facilità guidata dalla ricognizione aerea di Malta, che si dimostrò efficientissima nel fornire le segnalazioni sui movimenti delle navi italiane, e sfruttando adeguatamente il radar, che però non dette una grande dimostrazione di efficienza, tanto che il contrammiraglio Harcourt scrisse nella sua relazione n. 241/E:

"É stato deludente che il radar tipo 271 non rilevasse il convoglio ad una distanza maggiore di 6 miglia, ma a causa dei piovaschi lo schermo forniva dati confusi".

La formazione britannica una volta avvistato il convoglio, diresse per avvolgerne la testa da ponente verso levante, aprendo il fuoco a breve distanza e con straordinaria precisione. La sua azione contro i piroscafi fu rapida e risolutiva, e inizialmente soltanto la nave traghetto *Aspromonte*, aumentando la velocità a 16 nodi, riuscì ad allontanarsi sottraendosi alla caccia per un ora e venti minuti, prima di essere affondata.

Fu anche constatato che le navi nemiche impiegavano i loro complessi di mitragliere pesanti (pom-pom a quattro canne da 40 mm), mentre le siluranti italiane ne erano sprovviste avendo disponibili soltanto le modeste mitragliere binate da 20 mm. Inoltre, i proiettili d'artiglieria di ogni unità avevano codette luminose di diversa colorazione (rossa, verde, azzurrognola, gialla), in modo da far capire, nel tiro collettivo, quando, ogni singola nave sparava su uno stesso obiettivo.

Infine, mantenendo la linea di fila, la Forza Q evitò di dover accendere i fanali di mischia, impedendo così alle unità italiane di localizzare il nemico e provocando errori come quello del *Camicia Nera* col *Da Recco*.

Nonostante ogni sforzo fatto dalla Regia Marina per cercare di migliorare l'addestramento, l'annientamento del convoglio "Aventino", con l'affondamento di quattro navi mercantili e un cacciatorpediniere della scorta, a cui si aggiunse nel Canale di Sicilia la perdita di parte del convoglio C diretto a Tripoli (un piroscafo e una torpediniera), confermò che le unità italiane, dopo due anni e mezzo di guerra, non erano ancora sufficientemente preparate al combattimento notturno.

Anche le migliorie che si tentò di adottare nei mesi successivi per superare il divario che esisteva nei confronti della Royal Navy, non portarono agli sperati successi, e l'8 settembre 1943 trovò la Regia Marina che si dibatteva in problemi di addestramento, che risentivano della mancanza di mezzi di combattimento adatti a combattere nell'oscurità; soprattutto mancavano efficienti apparati radar (il "Gufo" l'unico radiolocalizzatore di tipo navale costruito dall'industri nazionale era un autentica delusione) e strumenti ottici a grande luce notturna; e vi era ancora la necessità, quasi inverosimile, di poter disporre di un numero sufficiente di buoni binocoli da assegnare per la vigilanza alle vedette delle singole navi.

▲ ▼ L'equipaggio del Caccia *Maestrale* (dietro il comandante Ernesto Basilio Cristini, zio dell'Editore). Il 30 novembre effettuò, insieme al *Grecale* ed all'*Ascari*, una missione di posa di mine nel Canale di Sicilia; di ritorno da tale missione fu inviato, col resto della X Squadriglia, a rafforzare la scorta del convoglio «B» (da Napoli alla Tunisia con i piroscafi *Arlesiana, Achille Lauro, Campania, Menes* e *Lisboa* e la scorta originaria delle torpediniere *Sirio, Orione, Groppo* e *Pallade* cui si aggiunse poi anche un'altra torpediniera, *l'Uragano*), che fu comunque fatto rientrare alla notizia dell'uscita in mare della Forza Q britannica che poi sarà protagonista della tragica battaglia che abbiamo raccontato.

▲ L'equipaggio di un sommergibile italiano nel 1942, forse il *Lazzaro Mocenigo*.

CRONOLOGIA DELLE MEDAGLIE D'ORO AL VALOR MILITARE

Adriano FOSCARI, Capitano di Fregata

Medaglia d'oro al Valor Militare

Comandante di cacciatorpediniere, di scorta ad un convoglio di navi da carico, improvvisamente attaccato da forze navali nemiche molto superiori, si lanciava audacemente all'attacco, penetrando con la sua nave tra le unità della formazione avversaria. Scoperto dal nemico e sottoposto a violenta reazione di fuoco, non desisteva dall'ardita azione iniziata, fermamente deciso a portarla a fondo e ad arrecare all'avversario il maggior danno possibile, noncurante delle continue fitte salve che inquadravano la sua unità. Riusciva così a lanciare i suoi siluri contro un gruppo di cacciatorpediniere. Avvistato subito dopo un incrociatore e risoluto a condurre un secondo attacco, manovrava con grande perizia sotto il tiro che il nemico concentrava sulla sua nave e, raggiunto il bersaglio, si portava a distanza ravvicinatissima e lo colpiva con due siluri che ne provocavano l'immediata esplosione ed affondamento. Esauriti, in tal modo, i suoi siluri, insisteva ancora a ricercare l'avversario nell'intento di attaccarlo col cannone e, solo dopo aver accertato il definitivo allontanamento del nemico, si poneva alla ricerca e al recupero dei naufraghi, rientrando alla base nella sera successiva. Dimostrava in tutta l'azione eccezionali doti di Comandante, nutrite di alto spirito d'iniziativa e della più tenace aggressività.

Canale di Sicilia, 2 dicembre 1942.

Nacque a Venezia il 10 giugno 1904. Allievo all'Accademia Navale di Livorno dal 1918, nel luglio 1922 conseguì la nomina a Guardiamarina. Ebbe varie destinazioni d'imbarco e nel 1929, nel grado di Tenente di Vascello, assunse l'incarico di Ufficiale di Ordinanza di S.A.R. il Duca d'Aosta e dal 1930 all'ottobre 1933 fu Ufficiale Addetto alla Casa Militare del Duca di Spoleto. Nel 1934 ebbe il comando della torpediniera 75 OLT, poi quello della torpediniera Acerbi ed infine quello del sommergibile Des Geneys. Promosso Capitano di Corvetta nel maggio 1936 e destinato all'Istituto di Guerra Marittima, nel marzo 1938 ebbe il comando del sommergibile Sciesa e quindi del Veniero. Nell'agosto del 1939 ebbe l'incarico di Capo della Segreteria Generale dello Stato Maggiore presso il Ministero della Marina e nel gennaio 1940 conseguì la promozione a Capitano di Fregata. Nel gennaio 1942 ebbe il comando del cacciatorpediniere Camicia Nera con il quale eseguì numerose missioni di scorta convogli. Nella missione di scorta verso un porto della Libia di un convoglio di navi da carico, fu improvvisamente attaccato nella notte del 2 dicembre da preponderanti forze navali nemiche presso il Banco di Skerki, sulle coste tunisine e portò audacemente all'attacco la sua unità, penetrando all'interno della formazione avversaria. Benché sottoposto a violento fuoco riuscì a lanciare i suoi siluri contro un gruppo di cacciatorpediniere nemiche. Avvistato poi un incrociatore, si portava nuovamente all'attacco e con il preciso lancio di due siluri lo affondava. Esauriti i siluri continuava il combattimento con i cannoni di bordo obbligando il nemico, centrato dalle sue salve, ad al-

lontanarsi. Per l'azione venne citato sul Bollettino di Guerra.

Partecipò alla guerra di liberazione prima nell'incarico di Ufficiale di collegamento con il Comando Supremo e poi al Comando del Reggimento "San Marco", comando che mantenne fino al termine delle ostilità. Collocato in ausiliaria a domanda nel febbraio 1947 ed iscritto nella riserva, conseguì la promozione a Contrammiraglio. Il Contrammiraglio Adriano Foscari è morto a Venezia il 22 giugno 1980.

Altre decorazioni:

Medaglia di Bronzo al Valore Militare sul Campo (Mediterraneo centrale, gennaio 1942);

Medaglia di Bronzo al Valore Militare sul Campo (Mar Ionio, agosto 1942);

Croce di Guerra al Valore Militare sul Campo (Mediterraneo occidentale, giugno 1942);

Cavaliere dell'Ordine Militare d'Italia (1944-1945).

Aldo COCCHIA, Capitano di Vascello

Medaglia d'oro al Valor Militare

Comandante di Cacciatorpediniere e Capo Scorta di un convoglio che, nottetempo, attraversava una zona di mare fortemente insidiata, accortosi dell'avvicinarsi di unità navali nemiche soverchianti per numero, tonnellaggio e mezzi tecnici, si lanciava immediatamente colla propria e colle unità dipendenti all'attacco, disponendo altresì per la protezione delle navi del convoglio. Apprezzata prontamente la situazione, iniziava un'audace manovra di aggiramento dell'avversario svolgendo tre distinte azioni di fuoco per tentare di agganciarlo, distrarre il suo tiro dalle unità del convoglio e poterlo battere da posizione favorevole anche al lancio dei siluri. Durante la terza azione di fuoco alcune salve avversarie centravano la sua unità, arrestandola e provocando un violento incendio dentro e fuori il deposito mu-

nizioni prodiero, la cui vampata ustionava gravemente e carbonizzava quasi tutti i presenti sul ponte di comando. Pur menomato fisicamente per le ustioni gravissime alla testa ed alle mani, manteneva il comando della sua nave per oltre due ore, svolgendo efficace azione per tentarne il salvataggio. Anche quando le sue condizioni fisiche, impedendogli l'uso della vista, lo costringevano a passare il comando al suo secondo, manteneva la direzione delle operazioni di salvataggio, con alto senso di responsabilità e con stoica noncuranza delle atroci sofferenze, riuscendo a mantenere a galla la sua nave, che altrimenti sarebbe andata perduta col suo equipaggio.

Banco Skerki (Canale di Sicilia), notte sul 2 dicembre 1942

Nacque a Napoli il 30 agosto 1900. Uscito, non ancora diciasettenne, dall'Accademia Navale di Livorno con il grado di Guardiamarina, partecipò al primo conflitto mondiale imbarcato sulla corazzata Conte di Cavour. Nei successivi gradi ebbe destinazioni d'imbarco ed il comando di MAS, sommergibili e siluranti di superficie e partecipo alle operazioni militari durante il conflitto italo-etiopico e nella guerra civile spagnola. Durante il secondo conflitto mondiale ebbe il comando del sommergibile Torelli in Atlantico, fu Capo di Stato Maggiore di Betasom a Bordeaux e, successivamente, Comandante della Spedizione navale italiana che nel 1941 occupò la parte orientate dell'Isola di Creta. Nei primi giorni del gennaio 1942 assunse il comando della XVI Squadriglia cacciatorpediniere con insegna sul da Recco, assicurando la difesa di numerosi convogli diretti in Africa settentrionale. Nel dicembre 1942, durante una missione di scorta convoglio sostenne, sulla notte del giorno 2, un duro combattimento navale contro soverchianti forze nemiche, lanciandosi all'attacco e predisponendo contemporaneamente la difesa del convoglio. Centrata la sua unità da alcune salve nemiche, immobilizzata e con un forte incendio a bordo, subiva gravissime menomazioni per le ustioni riportate, ma anche quando le sue condizioni fisiche, aggravate dal momentaneo mancato uso della vista che lo costringeva a passare il comando al suo secondo e gli impedirono i movimenti, conservò la direzione delle operazioni di salvataggio, riuscendo a mantenere a galla la nave. Le gravissime ferite riportate nell'azione lo obbligarono ad una lunga degenza, che si protrasse per oltre tre anni. Trasferito nel Ruolo d'Onore, nel quale ha conseguito il grado di Ammiraglio di Squadra, dal novembre 1958 assunse la carica di Direttore della "Rivista Marittima" e dal luglio 1960 al giugno 1963 quella di Capo dell'Ufficio Storico dello Stato Maggiore Marina. Scrittore efficace, ha pubblicato numerosi volumi di carattere storico navale e articoli rievocativi sulla 2a guerra mondiale. Morì a Napoli il 12 dicembre 1968.

Altre decorazioni:

Medaglia d'Argento al Valore Militare (Mediterraneo centrale, marzo 1942 - gennaio 1943);

Medaglia di Bronzo al Valore Militare (Egeo, maggio 1941);

Medaglia di Bronzo al Valore Militare (Mediterraneo centrale, giugno 1942);

Medaglia di Bronzo al Valore Militare (Mediterraneo orientate, agosto 1942).

Ener BETTICA Capitano di Corvetta

Medaglia d'oro al Valor Militare alla memoria

Ufficiale Superiore di alte virtù combattive, chiedeva con insistenza di imbarcare su siluranti nonostante che per una sua specifica e geniale attività tecnica fosse destinato a conservare una destinazione terrestre. Ottenuto il comando di un cacciatorpediniere, nel corso di un aspro combattimento notturno contro una formazione avversaria, composta di incrociatori e cacciatorpediniere, con impavido animo si lanciava due volte all'attacco delle unità nemiche e, incurante della violenta reazione, con freddo ardimento e serena abilità, riusciva a portare a segno i suoi siluri, dalle distanze più serrate, con sicuro effetto distruttivo di una delle navi avversarie. Gravemente colpita la sua unità in più parti, trovandosi nel cuore della formazione nemica, ed esauriti i siluri, proseguiva per oltre mezz'ora di combattimento col cannone fino all'estremo limite di ogni possibilità. Dopo aver provveduto alla salvezza dell'equipaggio, affondava con la nave al suo comando, immolando la vita sempre e tutta fieramente dedicata alla Marina, al suo progresso ed alla Patria.

Canale di Sicilia, 2 dicembre 1942

Nacque a Castagnole Lanze (Asti) il 15 febbraio 190. Allievo all'Accademia Navale di Livorno dal novembre 1927, il 4 aprile 1929 conseguì la nomina a Guardiamarina e nel 1934 la promozione a Tenente di Vascello. Ebbe il comando della torpediniera Castelfidardo, poi della torpediniera Prestinari, della torpediniera Circe ed infine della torpediniera Polluce, con la quale diede inizio alle missioni di guerra nel secondo conflitto mondiale. Promosso Capitano di Corvetta nel settembre 1940, ebbe l'incarico di Comandante del Centro Studi ed Esperienze dei Servizi Ottici della Regia Marina di Pola dal 28 ottobre 1940 al 5 novembre 1942; il comando del cacciatorpediniere Folgore con il quale partecipò alla missione di scorta di un convoglio carico di materiali bellici diretto a Biserta. Attaccato nella notte del 2 dicembre da preponderante forza navale inglese, composta da tre incrociatori e due cacciatorpediniere, si portava arditamente al centro della formazione nemica ed incurante del violento fuoco, riusciva a lanciare i siluri che colpirono l'avversario. Gravemente colpita la sua unità, esauriti i siluri, proseguiva il combattimento con il cannone; nell'imminenza dell'affondamento provvedeva alla salvezza dell'equipaggio e, rifiutando di abbandonare la nave, si inabissava con essa.

Altre decorazioni:

- Medaglia di Bronzo al Valore Militare (Mediterraneo centrale, giugno 1940).

Alfredo ZAMBRINI, Tenente di vascello
Medaglia d'oro al Valor Militare alla memoria

Ufficiale alle comunicazioni di Squadriglia Ct. che, in scontro notturno con preponderanti forze avversarie si era lanciato all'attacco con spirito aggressivo e tenacia combattiva degna delle migliori tradizioni navali, coadiuvava come sempre il proprio Comandante dimostrando notevoli doti di serenità, coraggio e sprezzo del pericolo. Colpita l'unità, benché gravemente ustionato, si preoccupava soprattutto di ristabilire le comunicazioni con i mezzi di soccorso, vincendo con fermezza e virilità le sofferenze dalle quali era tormentato. In ospedale, conscio dell'imminente fine l'affrontava eroicamente manifestando la sicurezza nella vittoria delle armi italiane ed inneggiando alla Patria alla quale donava con entusiasmo la giovane vita. Mediterraneo Centrale, 2 dicembre 1942.

Nacque a Firenze il 17 aprile 1918. Dopo aver conseguito la maturità classica presso il Liceo Orazio Flacco di Bari, nel 1936 entrò all'Accademia Navale e nel 1939 conseguì la nomina a Guardiamarina. Promosso Sottotenente di Vascello nel giugno 1940, alla dichiarazione di guerra imbarcò sull'incrociatore Pola e, nell'ottobre, sulla torpediniera Partenope. Nel marzo 1941 prese imbarco sul cacciatorpediniere da Recco, nell'incarico di Ufficiale di rotta. Nel grado di Tenente di Vascello, conseguito nel luglio 1942, partecipò all'epico scontro navale sostenuto dalla XVI Squadriglia cacciatorpediniere (di cui il da Recco era il Capo Squadriglia), sulla notte del 2 dicembre 1942 al largo del Banco Sherki. Ferito nell'aspro combattimento e naufrago, fu raccolto ed ospedalizzato prima sulla nave ospedale Toscana e poi all'ospedale di Torrebianca di Trapani, dove decedette il 14 dicembre per la gravità delle ferite riportate.

Altre decorazioni:

Croce di Guerra al Valore Militare (Mediterraneo centrale, agosto 1941);

Croce di Guerra al Valore Militare (Mediterraneo centrale, settembre 1941);

Croce di Guerra al Valore Militare (Mediterraneo centrale, febbraio 1942).

IL SILURAMENTO DELL'INCROCIATORE BRITANNICO ARGONAUT DA PARTE DEL SOMMERGIBILE ITALIANO LAZZARO MOCENIGO

Dopo la distruzione del convoglio *Aventino*, la Forza Q restò per qualche giorno tranquilla in porto, fino alla notte del 13-14 dicembre, quando gli incrociatori del contrammiraglio Harcourt *Orion* e *Argonaut* e i cacciatorpediniere di squadra *Eskimo* e *Quality* salparono da Bona per attaccare, sulle informazioni Ultra, un convoglio italiano diretto a Biserta.

Le unità britanniche non riuscirono a rintracciare il convoglio italiano, e nella rotta del ritorno, mentre procedevano, ripartite su due colonne, alla velocità di 26 nodi, al crepuscolo del mattino del 14 dicembre furono attaccate dal sommergibile oceanico italiano *Lazzaro Mocenigo*, comandato dal capitano di corvetta Alberto Longhi.

Il sommergibile, ore alle 05.58, lanciò una salva di quattro siluri prendendo di mira l'incrociatore *Argonaut*, comandato dal capitano di vascello Eric William Langley-Cook. L'*Argonaut*, di 5.450 tonnellate, fu colpito in lat. 37°30'N, long. 08°13'E da due siluri, esplosi simultaneamente a prora e a poppa che fu completamente asportata assieme al timone e a due delle quattro eliche. Tuttavia riuscì a raggiungere la base di Bona, per poi trasferirsi ad Algeri, e quindi a Gibilterra per lavori provvisori in bacino.

Ma per le lunghe riparazioni, realizzate nell'arsenale statunitense di Philadelphia, dove partendo da Gibilterra fu scortato dal cacciatorpediniere *Hero* (tenente di vascello Walter Scott), l'*Argonaut*, che nel siluramento aveva perduto soltanto tre uomini dell'equipaggio, rimase fuori servizio fino al dicembre 1943 quando fu aggregato alla Home Fleet a Scapa Flow.

La serie di fotografie che seguono sono un'eloquente testimonianza dei danni riportati dall'incrociatore:

▲ Il sommergibile *Lazzaro Mocenigo* fotografato il giorno del varo nel 1937.

▲▼ Gli evidenti danni riportati dall'*Argonaut* a seguito del siluramento del sommergibile *Lazzaro Mocenigo*.

▲▼ Le condizioni della poppa dell'incrociatore Argonaut a Bona. Se uno dei due siluri del sommergibile Mocenigo avesse colpito a centro nave, e non alle estremità, è da ritenere che l'Argonaut sarebbe affondato.

▲ Gli evidenti danni riportati dall'*Argonaut* a seguito del siluramento del sommergibile *Lazzaro Mocenigo*.

▲ Le condizioni dell'estremità della poppa dell'incrociatore *Argonaut*, completamente asportata da un siluro, in navigazione da Bona ad Algeri il 19 dicembre 1942.

▲ Un altro particolare della poppa dell'*Argonaut* in navigazione per Algeri.

▼ Il personale di bordo dell'*Argonaut* in comprensibile tensione per il pericoloso viaggio.

BIBLIOGRAFIA

La documentazione ufficiale è riportata nelle note a fondo pagina

- Bernotti Romeo, *La guerra sui mari*, volume 2° (1941-1943), Livorno, 1948.

- Bernotti Romeo, *Storia della guerra nel Mediterraneo*, Roma, 1960.

- Bertini Marcello, *I sommergibili in Mediterraneo*, Tomo II, *Dal 1° gennaio 1942 all'8 settembre 1943*, Ufficio Storico della Marina Militare, Roma, 1968.

- Bragadin Marcantonio, *Che ha fatto la Marina?*, Milano, 1955.

- Bragadin Marcantonio, *Il dramma della Marina italiana 1940-1945*, Milano, 1968.

- British Admiralty, *Ships of the Royal Navy, statement of losses*, London, 1947.

- British Admiralty, *Submarines*, volume II: *Operations in the Mediterranean* (non in commercio), Volume II, Londra, 1955.

- Cavallero Ugo, *Diario 1940-1943* (completo nel testo ma privo dei numerosissimi documenti allegati che si possono trovare nella copia del Diario di Cavallero custodita allo Stato Maggiore dell'Esercito Ufficio Storico), Cassino, 1984.

- Connell G.G., *Mediterranean maelstrom. HMS Jervis and the 14th Flotilla*, William Kimber, London, 1987.

- Di Bella Francesco Aurelio., *Un aviatore racconta le sue battaglie*, Palermo, 1950.

- Dorling Taprell [Taffrail], *Mediterraneo occidentale 1942-1945* (traduzione dall'inglese (*Western Mediterranean 1942-1945*), Ufficio Storico della Marina Militare, Roma, 1953.

- Fioravanzo Giuseppe, *Le azioni navali in Mediterraneo. Dal 1° aprile 1941 all'8 settembre 1943*, Volume V, Ufficio Storico della Marina Militare, Roma, 1970.

- Greene Jack. – Massignani Alessandro, *Naval war in the Mediterranean 1940-1943*, Londra, 1998.

- Giorgerini Giorgio, *La guerra italiana sul mare. La Marina tra vittoria e sconfitta. 1940-1943*, Milano, 2001.

- Hinsley F.H. – Thomas E.E. – C.F.G. Ransom – Knight R.C., *British Intelligence in the Second World War*, Volume 3, Parte 1, HMSO, London, 1984.

- Historical Section Admiralty, *Submarines*, vol. II, *Operation in the Mediterranean*, London, 1955.

- Macintyre Donald, *La battaglia del Mediterraneo*, Firenze, 1965.

- Mattesini Francesco – Santoni A., *La partecipazione tedesca alla guerra aeronavale nel Mediterraneo (!940-1945)*, Roma 1980. Seconda edizione, collana Storia Militare, Parma 2005.

- Mattesini Francesco, *2 dicembre 1942. La distruzione del convoglio "Aventino" e l'imbarazzante errore del Cacciatorpediniere CAMICIA NERA*, nella pagina dell'autore in *academia.edu.*.

- Mattesini Francesco, *Luci e Ombre degli Aerosiluranti italiani e tedeschi nel Mediterraneo Agosto 1940 – Settembre 1943*; RiStampa Edizioni, Rieti, 2019.

- Playfair I.S.O. e altri, *The Mediterranean and Middle East*, Volume IV, HMSO, Londra, 1960.

- Roskill Stephen Wentworth, *The War at Sea*, Vol. III, Parte I, *The offensive*, Londra, HMSO, 1960.

- Santoni Alberto, *Il vero traditore, Il ruolo documentato di Ultra nella guerra del Mediterraneo*, Milano, 1981.

- Shores Christopher, Massimello Giovanni e Guest Russell, *History of the Mediterranean Air War 1940-1945,* Volune IV, Grub Street, London, 2018.

- Stato Maggiore dell'Esercito Ufficio Storico, *Verbali delle Riunioni tenute dal Capo*

- *di SM Generale*, Volume III, *(1° gennaio – 31 dicembre 1942)*, a cura di A. Bigiani, F. Frattolillo e Silvio Maccarelli, Roma, 1985.

- Unia Carlo, *Storia degli aerosiluranti italiani*, Roma, 1974.

TITOLI GIÀ PUBBLICATI - TITLES ALREADY PUBLISHING

BOOKS TO COLLECT

www.ingramcontent.com/pod-product-compliance
Lightning Source LLC
LaVergne TN
LVHW072119060526
838201LV00068B/4922